梵谷割耳、波特萊爾呼麻、名導娶養女……

是周遭人太迂腐還是他們「有病」？看傳世經典如何在一次次的放肆中誕生

樂律

隋岩 著

在瘋狂與傑出

之間尋找自我，藝術家與他們的時代

【盧梭】追尋未曾謀面的母親，卻把自己的孩子交給育幼院

【凱倫‧卡本特】長期活在母親的控制下，最終厭食症離世

【西蒙波娃】不只與老公開放式關係，還與女學生大談戀愛

【霍華‧休斯】傾家蕩產拍電影，只為捕捉每個好看的瞬間

藝術家、思想家的靈感總在奇怪之處乍現，

他們成就了一個時代，也被自己的「瘋狂」困擾——

目錄

目錄

第六章
女人的雙性氣質 —— 西蒙波娃

第七章
一樹梨花壓海棠 —— 亨伯特之愛

第八章
苦艾酒即綠色繆斯 —— 波特萊爾

目錄

前言

　　心理學，記憶也好，精神官能症也好，性變態也好，歸根結柢是研究人，研究人的發展、成長，關注個體的命運和群體的規律。這本書寫到現在，更關注人的命運。

　　人的世界有古人今人，有偉人和路人，有趣的是，古今路人千千萬，創造、改變歷史的往往都是怪人，或者說，怪人之所以偉大是因為他們站在了歷史的節點上，說了一句特別的話，或者做了一件了不起的事情。

　　這本書裡介紹的都是逝去的怪人，有些人在藝術上自成一格，成了一代大師，如文森·梵谷；有些人恣意妄為，以個人生命實踐藝術理想，如奧斯卡·王爾德；有些人走在時代之前，敢言他人不敢言，行他人不敢行，如西蒙·波娃。這些人值得心理學關注，因為他們具有特殊的心理氣質，像躁鬱症、自戀型人格、雙性戀……大咖狂人們總有些與眾不同之處，不止在於他們在某一專業領域的成就。

　　或許你曾讀過《道林格雷的畫像》，卻沒想過王爾德與格雷的關係是氣質相通，還是一人多面；或許你曾聽過〈昨日重現〉這首歌，卻不了解歌唱者凱倫·卡本特是一位厭食症患者；或許……或許你，親愛的讀者，應該打開這本書，看一看你熟悉的天才背後不為人知的另一面。

第一章

星空下的憂鬱 —— 梵谷

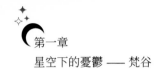

灰暗與明亮交織人生

　　要問美術課本上出現頻率最高的畫家是誰？文森‧威廉‧梵谷（Vincent Willem van Gogh）當仁不讓。自西元 1890 年，37 歲的梵谷自殺去世以來，這位後印象派大師的作品風靡世界，並且創造了眾多拍賣行的競拍紀錄。回到一百多年前，又有誰知道，梵谷一生只賣出去一幅作品，在當時的藝術界談不上出名，更不用說受人追捧。

　　關於梵谷，人們總會想到這兩個關鍵字：窮和貴。前者形容他生前捉襟見肘的拮据生活，後者形容他去世後日益高漲的畫作拍賣價。可是，梵谷和他的繪畫並非「窮」和「貴」這兩個詞語能簡單概括。半路出家的畫家生涯，窮困潦倒的生活，割下左耳的暴烈舉動，兩次出入精神病院以及最終以開槍自殺的離世方式……這些關鍵字構成了他灰暗與明亮交織的人生。

　　去世之前，鄰居眼中的梵谷完全是一個瘋子。他是一個渾身骯髒、衣著凌亂、令人心生厭惡的人，由於面貌醜陋、性格易怒易沮喪，吃得差，又愛喝高酒精濃度的苦艾酒，梵谷給人缺乏教養、行為粗俗無禮的印象。人們認定他的瘋

狂，以至於他都開始懷疑自己快瘋了。實際上，在不到四十年的人生中，梵谷的確受制於病魔的困擾，有人說他遺傳了家族癲癇病，有人說他罹患三期梅毒導致了精神病的發作，最新研究發現，梵谷其實是一位躁鬱症患者。

受到躁鬱症的困擾，梵谷一生性格衝動而較真，發怒起來難以自制，做事極端且偏執，日常生活則懶散、不修邊幅，充滿惡習，十年創作期間，梵谷留下了大量的作品，乃因他週期性的狂躁發作，創作受到情感高漲的驅使，清晨五點便外出寫生，中午頂著烈日繼續作畫，精力充沛，思維奔逸，直到精神崩潰。憂鬱發作時期，他則悲觀、自傷，嘗試自殺。梵谷熱愛大自然，痴迷創作，對生活和人生有著美好的願望與追求，但是憂鬱的週期發作導致他不止一次產生離開人世的想法，並且付諸行動。

看梵谷的畫像 —— 他的自畫像如此之多，若活在二十一世紀，梵谷一定是個自拍狂魔 —— 他是一個額頭寬廣，下巴厚實，看起來淳樸健康的年輕男子，不見得有藝術家的氣質，但是足以勝任農民、馬夫以及碼頭工人等工作。梵谷出生在一個新教牧師家庭，父親性情呆板嚴屬，母親喜歡畫畫，素描和水彩都嘗試過，並且把畫作裝訂成冊，家庭環境中的藝術氛圍培養了他的美術天分。這些潛意識的培養沒有立刻改變梵谷的生活，但在多年以後成為他走上畫家之路的助力。

　　童年時期，梵谷不是一個活潑的小朋友，大多數情況下，他深沉不語，他自稱童年時的自己「生活在憂鬱荒涼的荒地中」，可以想見，小梵谷一定不是討人喜歡的小孩，他自閉、沉默、不善社交，這些性格特質會導致一個致命的缺陷：EQ 低。EQ 低的人對他人和社會存有潛意識的牴觸、防禦情緒，作為一個單獨的個體，不受歡迎無傷大雅，並不會妨礙他人；但是在職業發展上，這些特質會造成巨大的影響。

　　年輕時，梵谷做過藝術經紀人（畫廊業務）、傳教士和教師 —— 他懂得英語、法語和德語，但這些職業最終將他拋棄，原因很簡單：他 EQ 低。十六歲時，梵谷成為一名藝術經紀人，他不乖乖推銷畫作，而是與客人辯論作畫的技法，儘管工作有升遷，他也憑藉工作的機會拓寬了藝術視野，但他愈發知道，他對藝術的熱愛不會停留在經營畫廊上，況且，他心中還燃燒著對宗教的極大熱情。受苦與救贖的個人信仰遏制了他成為一名成功藝術經紀人的道路，他說，「我要找一個跟宗教信仰有關的工作」。

　　擔任傳教士期間，梵谷以其純真、熱忱之心扮演起「救世主」的角色，他到英國最貧困的社區教書、布道，在教會不提供薪水給他、只提供吃住的情況下教工人和農民的孩子語文、算數，為窮人講基督的訓示。他破衣爛衫，與窮人打成一片，然而，他卻因為失掉了神職人員的尊嚴而被開除。

　　讚美地講，他的「EQ 低」可以成為純真、熱情的代名詞，正如他的畫作一般，純真、濃烈、樸實、簡單；不客氣地說，梵谷過於天真、執拗，完全不懂得人情世故。藝術家總有一份赤子之心，用如同孩童般的眼睛看世界，這也是梵谷的畫作在他去世八年後逐漸引來世人關注，百年後仍然受人追捧的緣故吧。

　　在經歷一系列的職業失敗後，梵谷聽從了內心的召喚。1880 年，27 歲的梵谷拿起了畫筆，嘗試以畫畫為生。在選擇繪畫道路後，由於他不願意迎合出版商的意願，不願意舉辦畫廊，致使他的作品長時間裡無人問津，梵谷連做牧師時微薄的收入也賺不到。此後十多年裡，他的生活費用和繪畫費用全部是他弟弟西奧（Theo van Gogh）提供的。他在寫給弟弟西奧的信中如是說：「在我看來，為金錢作畫不是正路，相反，它欺騙了那些業餘愛好者。真正的畫家會用真誠對待藝術和大自然，會透過繪畫本身讓人們看見畫面背後蘊含的內容。」西奧無力改變哥哥的「任性」，只好全力提供支持。

　　藝術家受困於物質匱乏，無疑是對藝術創作的最大戕害，梵谷經過短暫的摸索後受到了繆斯女神的眷顧，在短短十年裡，他創作了近九百幅作品和一千多張素描，如此高產的同時，他不停地因生活困境向西奧求助。在梵谷與西奧的

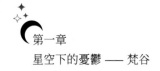
通信中，除了二人暢快地探討繪畫創作、探討人生之外，更多的是以「金錢」為主題的生活瑣事：

「親愛的弟弟，我現在沒有什麼衣服可穿，如果你有穿舊了的，或者感覺大了不合身的，請寄來給我，我會很開心。」

「我現在已經身無分文了，伙食費已經有一個禮拜沒有了，我等待你能寄來十個法郎給我。」

「哦，弟弟，我現在很希望多請些人體模特，那些石膏雕塑很難和真實的人體繪畫相比，但我又沒有錢請模特，不知道你能否多寄些錢來。我這麼說真是羞於啟齒，我知道你已經為我付出了很多。」

......

讀這些文字不禁讓人為他唏噓感嘆，一位天才怎會將自己置於如此落魄的地步？歷史是公平的，也是諷刺的。梵谷生前始終認為自己的創作是一場失敗，在飽受自我懷疑的折磨和身體障礙的損毀後，梵谷含恨而終。今日這般關於他作品、風格和人生經歷的討論如此卷帙浩繁，一定是他始料未及的。話說回來，依他的性子，見到這般熱鬧，他會覺得高興嗎？恐怕他會像當初躲開巴黎藝術界那樣，躲開一切喧嘩與騷動，依然選擇鍾愛大自然吧！

夭折的文森‧梵谷

　　小時候的梵谷孤僻、沉默、不合群，是一個不討人喜歡的孩子。從他短短三十七年的人生中，可以看到這一性格對他人生軌跡的影響，可是誰又知道梵谷何以成為梵谷呢？

　　一提到梵谷，不可避免地想到他的弟弟西奧。作為支持者和崇拜者的西奧，與藝術家梵谷相伴而存在。如果沒有西奧，梵谷早已餓死荒野；如果沒有西奧，沒有人能理解梵谷的藝術理想；如果沒有西奧，就沒有我們今天看到的〈星空〉、〈向日葵〉、〈鳶尾花〉、〈吃馬鈴薯的人〉等作品。可以說，是西奧為後人供養了一位天才藝術家。

　　除了西奧，家族中還有一個對梵谷影響重大的人物──夭折的文森‧梵谷。梵谷是六個孩子中的老大，而文森‧梵谷才是真正意義上的「大哥」。在梵谷出生前一年，母親安娜（Anna Cornelia Carbentus）產下了一名男嬰，取名文森‧梵谷。孩子出生不久便夭折了（一說是死胎），第二年的同月同日，未來的畫家梵谷出生，為了紀念夭折的兒子，安娜替他取了一樣的名字。這個名字如同夢魘一般，跟隨梵谷一生，成了他童年和成年時期難以跨越的心理創傷。

　　失掉孩子的痛苦帶來了慢性憂鬱，使得安娜無法像一個快樂的母親一樣為下一個孩子提供關愛、溫暖和親近。身為孩子，梵谷背負了母親對夭折孩子的負罪感，成了一個戴罪之人——他是代替大哥來到這個世界上的。童年時，安娜經常帶領梵谷去大哥的墓地，墓地的荒涼氣氛與母親的悲痛思念混亂了年幼的梵谷的小腦袋，他不清楚刻在墓碑上的他的名字應該作何解釋？母親的寶貝到底是死去的大哥還是他？

　　多年裡，梵谷認為自己並非是母親摯愛的孩子，而是大哥的替身，失去頭胎孩子的悲痛讓母親將濃烈的母愛持續在原地，後來雖然有更多的孩子出生，但那份思念永遠不可撼動地存在著。這一點，作為「老二」的梵谷感受最深刻。弟弟妹妹相繼出生後，母親投注在梵谷身上的愛意一次又一次地被分割出去，他成了一個敏感、冷漠、自閉的小孩，成年後，他不止一次回憶，說「我的少年時代是陰鬱的、冷酷的、貧瘠的」。

　　梵谷成長於一個不甚幸福的家庭中。對他來說，母親將僅有的愛意固著在死去孩子的墳墓上，幾年之後再分散到相繼到來的五個孩子身上，父親固執、冷漠，用嚴格的教育和侮辱性的諷刺培養孩子。家庭生活的貧困迫使梵谷中斷學業，十六歲便離家外出工作。父愛不足，母愛滋養不夠，梵谷才會逐漸變成低 EQ 的小孩。

低 EQ 不僅表現在一個人過分以自我為中心，不在意或無法理解他人的感受，還在於他無法正確地表達自己的情緒和控制情緒。梵谷小時候便表現出對繪畫的喜愛，但是得到家人讚揚的機會並不多。有一次，梵谷畫了一隻貓，出乎意料地得到了家人的讚揚，突如其來的肯定讓他無所適從，他乾脆把畫作撕掉。

這種行為模式伴隨梵谷的一生，在眾多類似的場合中，他無法處理好渴望得到與怯於面對的矛盾，只能用扭捏的方式應對。典型的一件事是，籍籍無名多年後，他的畫得到了評論家的讚美，他卻在寫給評論家的信中囑咐對方以後不要再評論他，因為他不值得。

梵谷在離家外出工作後，甚少回家，也未提起過「文森的墓地」，三十五歲時，他在寫給西奧的信中提道：「我的心回歸到我的出生地，在花園，每條路徑、每棵植物、花園以外的田野景象、鄰居們、墓地（我同名哥哥的埋葬之處）、教堂、我們後花園的廚房——墓地旁有一棵高高的金合歡樹，枝上有一個喜鵲的鳥巢……現在沒有人記得這件事了，只有媽媽跟我。」

他在空間上離開了家庭，離開了母親，但是心理上卻從來沒有離開。童年時期的悲傷記憶深藏在他心中，在孤寂哀傷之時，在無法入睡的夜晚，梵谷又回到了小時候，看到了站在

大哥墓前的自己。去世之前，梵谷寫了一封信給他的母親，其中有這樣一段：「親愛的母親，關於憂傷，我們持續的失落、分離。於我，似乎是本能，沒有它，我們無法分開，也或許這樣，它可以幫助我們，之後再去認得、尋找彼此。」

按照家庭系統排列的理論，梵谷的痛苦在於他僭越的自己的家族序位。兄弟姐妹，不論活著的、死去的、夭折的、流產的或墮胎的，都包含在家庭系統中，按照時間的先來後到，長子的家庭序位優於次子，第一個文森的層級優於第二個文森，妄圖排斥或遺忘夭折的大哥，只會導致另一個成員的不自覺地認同或代替 —— 不得不懷疑，梵谷半生的自我放逐及自殺的離世方式是這一僭越的慘烈後果。

在愛情領域，同名大哥留給梵谷的陰影以及對他與母親關係的影響從未在他的頭腦中消失過。在梵谷與女人的關係中，情愛關係的原型不停地發揮著作用。一生之中，他不停地愛上比自己年長的女人，表姐也好，帶有小孩子的妓女西恩也好，愛著的時候，梵谷深情地描寫她們，從這些年長的女人身上，他似乎找到了缺失的母愛。

二十歲時，梵谷在古皮爾公司（Goupils & Cie）倫敦分部工作，這是一份經由叔叔介紹獲得的工作，儘管梵谷並不喜歡這份工作，他還是勤勉地工作了四年。這一年，梵谷愛上了房東的女兒歐仁妮·洛耶（Eugénie Loyer），與其說他

深愛女孩，不如說他羨慕房東太太與女兒之間富有魅力的親情。幾個月的暗戀後，梵谷表明了心跡，可惜遭到了拒絕，耳舒拉已於一年前訂婚。

戀愛失敗讓他改變了人生道路，把精力投入到宗教事業上。以傳教士身分浪蕩了七八年後，梵谷回到荷蘭老家，在那裡，他與守寡兩年的表姐科妮莉亞（Cornelia "Kee" Vos-Stricker）相遇，少年時期，表姐的秀麗倩影已經入了梵谷的心，這次重逢，科妮莉亞常常帶著兒子與梵谷一同外出寫生，梵谷抓住了機會，很快表白，可惜表白方式太過唐突，遭到了愕然的拒絕。而後，他以自殘的方式再次表達心跡，結果適得其反，求愛不成，還讓自己變成了家族醜聞。

踏上繪畫道路後，梵谷生命中不可忽視的女人出現了——西恩（Sien，本名 Clasina Maria Hoornik），一個懷有身孕的妓女。西恩給了他家庭溫暖和創作靈感，出於同情或是憐憫，他們同居了。遭到父親反對實在是意料之中，梵谷為自己辯解說：「我的生活不能沒女人，我如此地討厭孤單，我寧願和一個壞妓女相處，也不想獨自向隅。」最終他們還是分手了，原因很簡單：西恩有家人需要養活，梵谷也承受著巨大的社會壓力。

35 歲那年，梵谷又邂逅了一個女子——小他十六歲的醫生之女瑪格麗特（Marguerite Gachet）。但兩人的感情無疾而終。

　　這次愛情失敗之後，梵谷將繪畫作為自己的人生伴侶，儘管他一再對西奧強調：「無論對錯……我需要一個女人，我不能、也不會、也將不過沒有愛的生活。我是一個男人，一個有熱情的男人；我必須有女人一道過日子，否則我就會凍成冰塊或變成石頭……一個人不可能太長時間沒有女人而保持正常……」此後，再沒有女人因為愛情走入他的生活。

　　經歷了這麼多次的愛情失敗，僅僅因為梵谷的醜陋或貧窮嗎？不盡然。在女人面前，梵谷從來不是一個讓人舒服的愛人，他甚至不是一個可愛的男人。他唐突地向歐仁妮表白，重遇沒幾天便向表姐求婚，他的感情來得迅速強烈，令人猝不及防，令人愕然。在他看來，如果他愛上了對方，對方也一定愛上了他，遭到拒絕，他便情緒失控，尋死覓活。

　　梵谷是渴望愛的男人，同時又是不懂得愛的男人，他偏執、自我、暴躁、造作，以渴望得到又害怕得到的回避方式對待他人，一生都在重複他與母親之間的相處模式 —— 渴望愛又得不到愛。

高更來了，高更走了

　　在梵谷的畫作中，有兩把具有特殊意義的椅子——〈高更的椅子〉和〈梵谷的椅子〉。在畫作〈高更的椅子〉中，房間裡放置一把扶手椅：樸素的造型，綠色的坐墊和偏紫的藍色椅架。椅子上放著一本書和一根燃燒的蠟燭。很顯然，書意味著巴黎藝術界，暗示了高更的行蹤，蠟燭則象徵高更對梵谷的意義——黑夜中的明燈。西元 1888 年 12 月，梵谷畫下了這兩幅畫，在高更離開亞爾的「黃房子」之後。從畫作上可以看出，高更的離開令梵谷再次陷入寂寞和孤單，大片的色彩對比透出一股悲涼、無奈的氣息。

　　與〈高更的椅子〉同時創作的〈高更的椅子〉有著更強烈的象徵性：一把黃色的椅子擺在地板上，上面放著菸斗和菸絲，除此之外，房間裡看不到人影。椅子是一件普通的靜物，也是明顯的象徵物。空蕩蕩的椅子象徵梵谷失去友誼的孤獨感，沒有爭論，也沒有歡樂，只有孤獨，誠如他自己所說：「空椅——有許多空椅，將來還要有更多的空椅……早晚總要除了空椅之外，什麼也沒有。」

另一幅名畫〈亞爾的臥室〉也可看到高更的到來對梵谷的影響。畫作內容是梵谷在亞爾（法國南部城市）生活時居住的房間，這幅畫有兩個版本，第一個版本畫於高更拜訪之前。這段時間梵谷的心情愉悅，整個房間以黃色為主色調，牆壁則使用了粉紫色，使得整個空間洋溢著暖色調。高更離開之後，梵谷重新替〈亞爾的臥室〉上色，這一次，他使用了冷色調的材料，牆面變成了陰沉的藍色，牆壁和地板的陰影也加重了，整體色調變得灰暗、陰沉。

高更來了，高更又走了，高更的出現在梵谷的人生中有著怎樣的意義呢？

西元 1886 年 2 月，梵谷與西奧一同前往巴黎，逗留巴黎期間，經西奧介紹，梵谷結交了不少畫家朋友，如高更、畢沙羅、秀拉、塞尚，這些人中，對梵谷的人生產生重大影響的畫家是高更 —— 被後人奉為後印象派三巨匠之一的法國畫家。對梵谷來說，高更宛如「神一般的存在」，梵谷尊敬他，二人在藝術上的共鳴讓梵谷欣喜不已，不過，當「神明」的光輝暗淡下去，梵谷也承受了無以名狀的巨大痛苦。

和梵谷一樣，高更也是半路出家的畫家。在進入巴黎畫壇之前，他做過六年海員和十二年的股票經紀人，在成為職業畫家之前，高更開始繪畫並收藏印象派畫家的作品，和梵谷相比，高更的繪畫生涯至少在開端處比梵谷順暢得多。

　　1880 年，高更的作品〈裸體習作〉經畫家畢沙羅推薦參加了第五屆印象派畫展，受到高度評價。此後的第六屆、第七屆印象派畫展，高更均有作品入選，從此他辭掉工作，全身心投入繪畫。很快，窮困與家庭的衝突接踵而來，到了 1886 年，高更幾乎和家庭斷絕了關係，過著孤獨、絕望的生活。

　　二人相識時，正是各自人生的低谷 —— 梵谷似乎從未經歷高峰。高更由於經濟原因和生活衝突拋棄了妻兒，全身投入繪畫，自責、絕望侵蝕著他，幾乎要了他的命；另一邊，梵谷剛和西恩分手，對宗教的狂熱崇敬與對愛情的憧憬悉數破滅，孤獨時只有弟弟陪伴。

　　兩個絕望的生命燃燒著對繪畫的熱情，高更的強烈個性和領導氣質很快吸引了梵谷的注意，隨著二人見面次數增加，梵谷與高更產生了共鳴。二人的契合點在於對學院派藝術傳統的反叛，對印象派畫風的摒棄，這是他們共同走進「黃房子」的最主要的原因。

　　巴黎並非梵谷的鍾愛之地，他不希望成為一個城市畫家，他的興趣在田野和荒地。1888 年 2 月，梵谷到達法國南部城市亞爾，那裡有著比巴黎更明朗的天氣，三四個月裡，梵谷思維活躍，想像力迸發，他拚命畫畫，畫了近兩百幅作品。

5月，梵谷在亞爾租下了一座房子，他想把這座有四個房間的房子改造成畫室，並邀請志同道合的朋友與他一起創作。梵谷發出了邀請，但是只有高更一人赴約，前提是西奧為他償還債務。西奧答應了高更的請求，他希望高更的陪伴能改變梵谷的生活。

高更決定前往亞爾時，梵谷欣喜若狂，他無比期待高更的到來。可以說，準備迎接高更的那段日子是梵谷人生中難得的幸福時刻。短時間裡，他畫出了〈向日葵〉、〈夜間咖啡館〉、〈夜間的露天咖啡座〉、〈在亞爾的臥室〉等傑作。

兩人在一起生活了 62 天。這兩個月裡，梵谷對高更的感情發生了變化。一開始，兩人一起生活，一起外出寫生，互相學習對方的繪畫風格和技術，日子和諧而美好。梵谷對高更抱著前輩的尊崇和敬畏，感情中是對偉大藝術家的嚮往和對朋友的熱愛。高更以指導者的姿態與梵谷交談，後者不加反駁，以謙卑的後輩姿態聽從吩咐。漸漸地，嫉妒、不安的情緒複雜交錯，梵谷不再允許高更歪曲他的信念，他對高更的敬慕不足以令他忍受三番五次的嘲弄和諷刺，他們爭吵，互相指責，平和的日子起了波瀾。

拉開歷史的鏡頭可以看到，這兩位大咖的決裂是必然的。首先，二人個性相差甚遠。高更有一股高貴的野蠻人的氣質，他送給梵谷自己的畫像，並在信中描述自己說：「一

張亡命之徒的臉，衣衫襤褸，但是像尚萬強那樣有力，內心仁慈、高貴，眼睛裡火山一樣的熱情透露出一個藝術家靈魂的面貌。」梵谷送給高更的〈自畫像〉則是一個梳著短髮、如同日本僧侶形象的他，平靜、樸素，帶著莊嚴的神情。

梵谷的生活方式給人一種流浪漢、痴人的印象，高更不修邊幅的程度可與梵谷一較高下，但是二人個性的不同是客觀存在的——梵谷衝動熱情，高更則冷靜鑽研，兩人在爭執和互相指責中逐漸發現彼此的不同。

對個性強烈、渴望建立個人風格的畫家來說，與另一個人同吃同睡、同起同作，缺乏個人空間和獨處時間，難免出現性格、生活習慣等方面的衝突。在深入的了解之後，二人在藝術觀念上的反差強烈：繪畫方面，梵谷著眼於眼前景物，高更則更強調想像力的重要性，雖然他們都渴望打破原有的藝術傳統，但是在未來藝術走向上，他們完全是南轅北轍。

此外，畫材的使用方法、資金籌集等瑣事上，二人意見嚴重不合。梵谷雜亂無章，煩躁不安，高更則個性認真，有些神經質。在感情上，梵谷迫切地渴望得到高更對他感情的回應，高更則討厭受到感情的束縛。

12 月，高更在寫給畫家貝爾納（Émile Bernard）的一封信中談論他與梵谷的衝突：「我在亞爾完全失去了秩序。

我發現一切事物都這麼渺小，沒有意義，風景和人都一樣。整體來說，我跟梵谷彼此都看對方不順眼⋯⋯我跟他說：老友，你對！只是為了獲得暫時平靜。他喜歡我的畫，但是我一開始畫畫，他就東批評西批評。他是浪漫的，我卻可能更要素樸。」

　　爭吵與惡鬥讓二人的關係日漸疏遠，高更萌生了離開亞爾的想法，梵谷則執著挽留，發生「割耳事件」後，矛盾惡化成為悲劇，高更再也無法留下來，第二天便搭火車離開了。關於梵谷割掉左耳的原因，有諸多版本。有人說，梵谷為了向一位妓女示愛，在醉酒之後割掉了自己的耳朵；也有人說，梵谷因為和高更爭吵，憤而割掉了左耳；更有後來人推測，梵谷的耳朵是被高更割下的。

　　來自德國漢堡大學的學者漢斯・考夫曼（Hans Kaufmann）在花費十年研究梵谷後得出結論，他認為梵谷失去耳朵與一名叫拉謝爾（Rachel）的妓女有關。梵谷與高更因為拉謝爾在妓院門外起了爭執，高更手持利劍與梵谷打鬥起來，爭鬥中把梵谷的耳朵砍掉，但他不能確定高更這一舉動是蓄意為之還是失手誤傷。

　　故意也好，意外也好，兩人皆為此保持沉默，高更向警察編造了梵谷自己割掉耳朵的說法，躺在床上的梵谷則沒有對外透露任何消息。分開之後，高更找到了大溪地這個使他

成為偉大畫家的異域之地，梵谷則在精神病院裡將他的藝術才能發揮到極點。

　　一年零七個月後，梵谷自殺身亡。梵谷去世時，昔日決裂的朋友參加了他的葬禮，其中並沒有高更。九年後，身在大溪地的高更親手栽種了一批向日葵，並且作了一系列向日葵畫作，算是懷念故人的方式吧！

　　「同行相輕」不足以解釋梵谷與高更的關係，即便是普通的兩個人，擁有夢想，對專業領域有獨特的見解，也不見得能夠朝夕相對而不生爭執。如同作家蕭軍回憶與蕭紅相處時的矛盾那般——「我們如兩個刺蝟在一起，太靠近了，就要彼此刺得發痛，遠了又感孤單。」這一描述同樣適用於梵谷與高更的友誼。

從亞爾到聖保羅

西元 1888 年 12 月，高更離開了「黃房子」，離開了梵谷，此時，距離梵谷去世還有一年零七個月。

高更離開後，梵谷的精神狀況不甚樂觀，他的耳朵受傷，精神受傷更重。對此，梵谷本人非常清醒，他說：「認為我精神沒有問題是於事無補的。」「我努力想好起來，像某個投水自盡卻又發現水太冷的而又奮力泅向岸邊的人。」一生的挫敗，職業上的，愛情上的，友情上的，梵谷積鬱了太久，最終這些情緒以強烈的、難以遏制的亢奮出現，他想要擺脫這種狀態，卻無能為力。

為了替梵谷治病，西奧來到亞爾，為他尋找護理和治療的最佳條件。一開始，梵谷住進了亞爾的一家療養院，在那裡，他的病情漸漸地好起來，他可以自由出入醫院，也能重新拿起畫筆。梵谷時常回到「黃房子」畫畫，只是途中總會遭到孩子的圍觀和攻擊 —— 在他們眼中，梵谷就是一個瘋子，他們用石子丟他，梵谷則毫不保留地表達他的憤怒。

住院期間，一位名叫保羅‧嘉舍（Paul Gachet）的醫生成為梵谷的主治醫生，專門負責梵谷的治療。見梵谷遭受攻

擊，嘉舍和他太太替他把畫布、顏料等畫具拿到了療養院。為了報答嘉舍的熱情，梵谷送了他一幅畫像，可惜當時的嘉舍並未看到畫作的藝術價值，他把畫像拿回家，用它做了雞窩的擋板，多年以後，梵谷成了名人，這一家人才發現那幅畫的巨大價值。

在療養院裡，梵谷擁有自由行走和畫畫的權利，但他的病情不定期地發作，時而反覆，疾病讓他的畫作中充滿了寂寞、孤獨、幻象和扭曲。從梵谷留下的畫作中，可以瞥見療養院的一隅。在〈亞爾療養院的庭院〉這幅畫中，可以看到梵谷居住環境的真實樣子：冬日的庭院裡，光禿禿的樹木矗立著，花園、小徑都失掉了顏色，如同他的心情一樣，乾枯、無力而衰敗。時至今日，梵谷當年居住的療養院已經更名為梵谷療養院，主體建築沒有什麼變化，但是庭院裡多了梵谷的雕像和畫作的複製品。

療養期間，梵谷收到了西奧即將結婚的消息。依此形勢，為了不拖累新婚的弟弟，梵谷自願住進了聖雷米地區的聖保羅精神病院 —— 西奧的經濟能力不足以邀請梵谷與他一起生活，梵谷則不忍心讓自己糟糕的精神狀態攪擾弟弟的生活。當然，梵谷住院還有另一個重要的緣由：亞爾的居民聯名向市長請願，要求梵谷留在醫院生活。就這樣，梵谷搬到了亞爾附近的聖雷米地區，住進了聖保羅精神病院。

在精神病院，西奧為梵谷安排了兩個房間，一個房間是臥室，另一個則給他作為畫室。一開始，梵谷對精神病院這個有秩序的世界頗感愜意，他對西奧說：「我覺得我選擇來這是個很好的決定。」「我從來沒有感覺到這樣平靜。」儘管醫院的飯菜不甚可口，他還是可以有規律地用餐，適量飲酒，在庭院裡散步，欣賞芳香的植物，觀賞田野裡的美景。

但精神病院終究是冰冷的醫院，十九世紀末的精神病院，治療條件之差令人難以想像，精神病人被限制活動、交談，完全與外界隔絕，更有病人受到非人道的待遇。精神病院的內部沒有有隔牆的房間，而是用門簾隔開病人，狹小的空間裡，病人們聚集在一起，缺少私人空間，宛如囚徒。精神病院的生活沉悶而壓抑，從〈聖保羅醫院的病人〉一畫中可以看出來，梵谷生活在極度的緊張和煩悶之中，他變得越來越憂鬱，下筆時，他故意破壞了畫面，使得畫面中的人物面孔顯得詭異而恐怖。

精神錯亂和高度亢奮的神經（狂躁發作）讓梵谷把生命燃燒起來，住院期間，他不分晝夜地創作，他畫醫院的環境，畫絲柏，畫夜晚的星空，畫路邊小徑。平常事物在他筆下披上了奪目的色彩，飛騰翻轉，呼之欲出。他用畫畫來消除生活在醫院中的壓抑情緒。

　　梵谷發現，只有他集中精力在畫布上時，他才能有微弱的舒服之感，於是，他拚命地畫畫，一年多時間，他畫了兩百多幅畫。除了斷斷續續的發病之外，梵谷一直在工作，他時常因為病情發作錯過作畫的機會而感到遺憾，比如他想要畫杏花，等他情緒平靜下來，杏花已經開過。

　　梵谷畫得最多的是花草和植物，他喜歡畫鳶尾花、橄欖樹和絲柏。1889 年 5 月，他完成了最出色的〈鳶尾花〉，畫面構圖以相同形狀的花、葉子和相同的顏色反覆呈現，表現出令人眼花撩亂的盛開景象。

　　精神上的好轉讓梵谷重新畫起自畫像，一直以來，他的自畫像既是他請不起模特的現實困境所致，也是他自我建構的象徵。他把自畫像寄給西奧，證明他已經神志正常。他在信中強調：「我希望你能看出我面孔比過去平靜得多了，儘管在我自己看來我的神色比以前茫然呆滯了些。我帶有另外一幅，那是我在病中試著畫的，不過我覺得你會更喜歡這一幅，我在創作這幅畫時有意畫得簡約質樸些。等你見到老畢沙羅時，把這幅畫給他看看。」

　　此外，梵谷還臨摹他人的作品，米勒、林布蘭和古斯塔夫・多雷等，米勒是他一直以來尊崇的畫家。在臨摹他人作品時，梵谷加入自己的情感，比如臨摹米勒的〈午睡〉，梵谷的畫面比原作更燦爛。

12 月，梵谷再次發病，他吞下了顏料，嘗試毒死自己。自殺失敗，梵谷重新找回他的畫布。這時，一個新的主題取代了曾被他反覆描繪的向日葵 —— 絲柏。他在信中告訴西奧：「這些柏樹總縈繞在我的腦子裡，我真想像畫向日葵那樣把它們畫出來。因為我奇怪，至今竟沒有一件作品，表現出我心目中的柏樹。它們宛若黑色的音符，跳躍在陽光明媚的風景中。這些黑色音符既富於神韻，卻又極其難以演奏好……」

絲柏是梵谷在聖保羅生活期間最中意的樹木，很多畫作中可以看到絲柏的身影，如〈柏樹〉、〈麥田裡的絲柏樹〉、〈星空下的絲柏路〉、〈柏樹和兩個女人〉等，他用深藍、翠綠和祖母綠等顏色描繪絲柏，每一棵絲柏的形狀都變成了沖天的火焰，在扭曲中上升，最知名的絲柏莫過於〈星夜〉中那團沖天火柱。

〈星夜〉是梵谷在聖保羅精神病院生活期間創作的曠世名作，畫於 1889 年 6 月，即西奧新婚後一個月。此時的梵谷身體狀況好些，心情不壞，畫畫的熱情復蘇，在這一背景下，他創作了〈星夜〉。因此說，〈星夜〉給人的感覺並非壓抑、痛苦，而是燃燒的焰火，是旺盛的生命力，是在壓抑情況下對未來的嚮往。

儘管生活環境沉悶而壓抑，梵谷的激情不能停止燃燒。梵谷在聖保羅精神病院遠遠望著聖雷米鎮，畫中呈現的是一

副窗口遠眺的景象。但它不是一幅野外景色的寫生，而是源自他的記憶與想像。從畫作上看，雲朵旋轉，包裹著閃耀的星星，波浪狀的天空和暈開的月光給人眩暈的感覺，在眩暈中似乎存有若隱若現的希望，一棵絲柏像一坨黑色的火焰，直沖雲端，令人心生不安。

1890 年 1 月，在布魯塞爾的「二十人展覽會」上，梵谷的〈紅色的葡萄園〉成功賣出，這是他畫於兩年前的作品，也是他在世時唯一售出的作品，據說賣了 450 法郎。到了 3 月的巴黎獨立派畫展，梵谷的作品參與展出並且得到了極高的評價，西奧第一次感受到他人對梵谷的認可，梵谷亦如此。聽到這個消息，梵谷非常興奮，他拿著 450 法郎跟醫生說，他想要離開醫院，找一個地方休養。醫生徵求了西奧的意見，西奧同意了，梵谷成功離開了令他精神困頓的醫院。

在聖保羅精神病院生活一年多的時間，梵谷被精神錯亂折磨得痛不欲生，他的情感體驗包括憂鬱、幻覺、狂亂和癲癇病帶來的身體痛苦，他身心疲憊，灰心到極點時，他想到過自殺。離開聖保羅精神病院，梵谷在奧維爾休養。重獲自由讓梵谷倍感興奮，他的病情並沒有好轉，但他心情不錯。在西奧陷入經濟危機之前，梵谷一直狀態不錯。

自殺前的兩個月，梵谷貧病交加，徹底走入了精神錯亂與絕望。從 5 月到 7 月，他畫了〈奧維爾的教堂〉、〈星空下

的絲柏路〉、〈寇迪威爾的茅屋〉等，充滿了躁動與飛旋，完全是精神病人看到的世界，扭曲的、變形的，完全突破了藝術創作的一切框架，梵谷承受著精神上的痛苦，卻享受到了創作上的最大自由，他毫無保留地呈現自己，將生命的血與肉塗抹在畫布上。

梵谷朝自己的腹部開了一槍，那天是 1890 年 7 月 27 日。在奧維爾的旅店忍受了兩天的流血與疼痛後，無力回天，梵谷走了，這一次，他徹底擺脫了憂鬱與瘋狂，離開了這個冰冷而空洞的世界。在寫給西奧的信中，梵谷這樣說：「我真的努力想快樂起來，但我的人生賴以生存的根基已經受到了威脅，我的步履蹣跚，而你卻見死不救。」

梵谷選擇以開槍自殺的方式離開，人們不由地將他自殺前兩個星期畫的〈麥田群鴉〉看作他的自殺預言。畫作中，烏雲傾壓而下，籠罩著大地，暗示著風暴的來臨，一聲槍響，驚起了藏在麥田裡的鴉群，撲稜稜地飛向天空，飛向未知的前方。畫布底端鋪陳著朝著三個方向延展的三條道路，可是，每一條道路的盡頭都不是明亮的，相反地，充滿了迷茫、陰森，沒有人知道路的盡頭通向何方。

和梵谷以往騷動的線條不同，這幅畫的空間簡明而單純，三條道路展開了寬廣的麥田，分散的烏鴉使得畫面更顯遼闊，藍色的天空、黃色的玉米、紅色的道路和綠色的小

徑，用色如此簡單。〈麥田群鴉〉無疑是梵谷激情燃盡時的
逼真寫照，也是他作為一名畫家留給世人的遺書。

　　完成這幅作品，梵谷感到極度疲倦和空虛，激情燃盡，
絕望即將把他吞噬。在寫給西奧的最後一封信中，梵谷說：
「我以生命為賭注作畫。為了它，我已經喪失了正常人的理
智。」精疲力竭後，梵谷向命運低下了頭，放下畫筆，選擇
死亡。

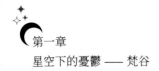
西奧：生死相依之人

　　梵谷的一生，經歷豐盛，道路坎坷，曲折迂迴之中，他找到了繪畫這條路 —— 冥冥之中注定會走上的一條道路。繪畫十年，梵谷度過了他人生中最痛苦、最瘋癲的十年，生前籍籍無名，身後無限風光，這並不是他意料之中的結局。短短三十七年的人生中，梵谷獨自一人度過了大部分時間，如果說有一個生死相依之人始終陪伴其左右，那便是他的弟弟 —— 西奧・梵谷。

　　如何定義西奧對梵谷呢？他是弟弟，是親人，是供養者，支持者，更是心靈上的知音。梵谷與西奧之間的通信留存下八百多封，從這些信件中，我們可以看到一個普通人梵谷和一個奉獻者西奧。

　　西奧在家裡排行老三，是梵谷最親密的弟弟，他的職業是畫商，做的是梵谷曾經做過的畫廊經紀人的工作。他的收入有限，勉強能負擔梵谷的生活。作為知音和支持者，西奧給予梵谷永恆的支持與鼓勵，精神上和物質上的。令人心痛的是，梵谷與西奧談論得最多的話題不是藝術、畫畫，而是錢。十年裡，在毫無希望的繪畫生涯裡，梵谷唯一的經濟來源便是他的弟弟西奧。

西奧為梵谷支付一切費用，買畫布顏料的費用、吃喝拉撒租房子的費用、找妓女的費用，甚至包括高更前往「黃房子」與梵谷共同創作時的債務和旅途費用。因為這份金錢上的支持，梵谷一生被內心的歉疚所折磨。在寫給西奧的信中，他不停地「報告」他如何花錢，如何節省，某一項開支是如何必不可少。他還不停地對西奧保證他不會糟蹋西奧給他的每一個法郎。

梵谷並沒有誇大他的困境。他的確經常挨餓，有時一餓好幾天，無以為繼，他只能用咖啡充飢。缺少畫布時，他用紙來畫速寫或水彩，當創作的激情無法克制又缺少畫布時，他便在畫好的作品上再塗上一層油彩 —— 研究者用 X 光技術發現了這一祕密。被貧困逼到絕境時，梵谷則大聲地懇求道：「我的好兄弟，快寄錢來吧！」

作為「抵債」，梵谷不斷把他的新作品寄給西奧，他對西奧保證說，他會越畫越好，他的畫作將來可以賣到一萬法郎，給西奧帶來一大筆收入。當然，這是他勸慰西奧的話，也是鼓勵自己的話。繪畫十年，沒有一個人欣賞他的作品，更沒有人買他的作品，梵谷承受著經濟困窘帶來的痛苦，更時刻被自我懷疑折磨著。

創作時，梵谷無時無刻不懷疑自己的作品，他不知道自己的作品到底有沒有價值，懷疑自己的作品能否被後人欣賞，進而，他開始懷疑繪畫本身的意義，懷疑成功的意義，

懷疑西奧對他的付出是否值得，懷疑一切……他承受著一切尚未成功的藝術家所承受的痛苦，為此，他不止一次地想要放棄，他對西奧說：「我寧願放棄畫畫，不願看著你為我賺錢而傷害自己的身體！」

孤獨的創作中，梵谷幾乎過著與世隔絕的生活。他不和親人聯絡，除了西奧，缺少朋友（唯一有共鳴的朋友和他決裂了），多年來，西奧是梵谷唯一可以傾訴衷腸的對象。從他們之間的通信可以看到，梵谷那樣依賴西奧，像個小孩子一樣，對他撒潑耍賴，傾訴生活上和藝術上的一切順遂或不順遂，而西奧總能在梵谷迷茫失落時給予他支持與鼓勵。

當然，西奧並非聖人。他只是一個普通人，他理解梵谷，同時清楚地知道梵谷的畫不會有人喜歡。與眾人不同的是，西奧沒有像其他人那樣諷刺、挖苦，要求他放棄繪畫，西奧盡自己所能地幫助他，鼓勵他，這正是西奧之所以珍貴的所在。可以說，沒有西奧，就沒有梵谷。梵谷在藝術領域突顯他的偉大，西奧則因其人格魅力和高貴品格而偉大。

梵谷去世後，西奧因傷心、悲憤而精神崩潰，半年後隨之去世，終年34歲。這時候，另一位對梵谷意義重大的人物登場：西奧的妻子喬安娜·梵谷（Johanna van Gogh-Bonger）。西奧去世時，喬安娜只有29歲，他們的兒子文森 —— 與伯父同名 —— 還不滿週歲。梵谷的所有畫作被喬

安娜繼承，此時，喬安娜與西奧結婚不過一年半的時間，與梵谷相處只有幾天時間。她不熟悉作為兄長的梵谷，卻非常了解作為未成名畫家的梵谷。

梵谷一生畫了五百多幅油畫和數以百計幅素描，除了少量送給朋友外，其餘全部寄給西奧。兩兄弟去世後，喬安娜掌握了梵谷的五百五十幅油畫和眾多素描作品，當時，喬安娜的哥哥曾勸她把畫作丟掉，幸好她有自己的主見。西奧的家中掛滿了梵谷的畫，還有梵谷寫給西奧的幾百封信。西奧在世時，喬安娜從西奧的口中得知梵谷的情況，而後兩人都不在了，她從留下的書信中感受二人的手足情深。

說起來，喬安娜並非一介粗俗無知的女子。她受過教育，曾在大英博物館工作，還在中學教過英文。為了推廣介紹梵谷的作品，喬安娜一邊舉辦梵谷的畫展，一邊把梵谷寫給西奧的信件結集成冊，做巡迴展出。

名譽、聲望並非唾手可得，生命中的最後十年，梵谷鬱鬱不得志，梵谷去世後，喬安娜努力了十年，辦了六次畫展，依然無人為津。到了第七次，畫作在巴黎展出，引來畫壇新秀馬諦斯等人的關注，梵谷的作品才引來藝術界的注意，從此梵谷撬開了美術館的大門。當然，策展期間，為了彌補開支、補貼家用，喬安娜賣掉了一些畫作，這也是今日梵谷作品見於普希金藝術博物館、紐約現代藝術博物館、巴

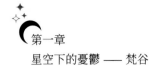
黎奧賽博物館及眾多私人藏家之手的原因。

喬安娜去世後，梵谷的作品由他的姪子文森・威廉・梵谷（Vincent Willem van Gogh）繼承，出生在頗具藝術家氣質的家庭，小文森卻對藝術不感興趣，他說：「我尊重藝術，但那不適合我。」後來，小文森成為一名工程師。

說起來，梵谷還畫過一幅畫送給剛出生的小文森 ——〈盛開的杏花〉，是梵谷送給小文森受洗的禮物。在青色的天空下，數枝白色杏花開在枝頭，白色的花瓣在大片的藍色背景襯托下盎然開放，充滿生機。由於樹幹周圍沒有其他的景致，畫面中的藍與白、天與花，成為簡單而強烈的對比，讓人感嘆生命之純潔美好，瞬間與永恆的奇妙交會。從畫作中傳遞出來的是慢慢的幸福感覺，完全看不出畫家正經歷著痛苦，這也是梵谷本人希望他的姪子看到的吧！

小文森並沒有遺傳伯父的藝術天分，也不如他母親那般對梵谷的遺作投以巨大的熱情，但他十分看重梵谷的作品，梵谷的作品得以大部分留在荷蘭，得益於小文森一幅也沒有出售。

後來，荷蘭政府出面，以六百萬美金的價錢向小文森購買梵谷的全部油畫和素描，小文森答應了，條件是成立「梵谷基金會」，由梵谷家的後人主控，同時建立「國立梵谷美術館」，以保管、展出梵谷的作品。後人有幸在阿姆斯特丹見到梵谷的畫作，應該感謝西奧一家人。

第二章

與「母親」的情愛糾葛 —— 盧梭

四處遊蕩的少年

「我於一七一二年生於日內瓦，父親是公民以撒・盧梭，母親是女公民蘇珊娜・伯納德。祖父留下的財產本來就很微薄，由十五個子女平分，分到我父親名下的那一份簡直就等於零了，全家就靠他當鐘錶匠來糊口。」

在《懺悔錄》中，盧梭（Jean-Jacques Rousseau）如此介紹他自己。在這項「既無先例、將來也不會有人效仿的艱巨工作」中，盧梭把他作為一個人的真實面目赤裸裸地暴露在世人面前，他的悲戚但無憂無慮的童年、四處遊蕩的青春期、與諸位貴婦人的不倫之戀、作為一個不負責任的父親的愧疚之心等等。

人生道路走到頭，盧梭獲得了各種各樣的頭銜：思想家、哲學家、作家，甚至是作曲家。在後人看來，他是啟蒙運動的代表人物，是民主政論家，是法國大革命的思想先驅，還是浪漫主義文學流派的開創者……如此這些成就，斷然是一個孱弱多病的鐘錶匠之子難以預想的。儘管如此，盧梭依然以嚴苛、真實的態度檢視自己，從出生到年老，寫自己的善良忠厚，寫自己的道德高尚，寫自己的卑鄙齷齪。

　　盧梭的一生非常複雜，比他頭上頂著的諸多頭銜還要複雜。想要了解一個人，勢必要追溯其童年時期，盧梭的童年可以用悲戚、孱弱、烏托邦等關鍵字概括，這樣的童年對他的人格塑造、人生道路選擇產生了怎樣的影響呢？讓我們先來看看盧梭童年的真面目吧！

　　盧梭說：「我的出生使母親付出了生命，我的出生也是我無數不幸中的第一個不幸。」盧梭的父親以撒（Isaac Rousseau）愛上了一個家境富裕的牧師的女兒蘇珊娜（Suzanne Bernard Rousseau），二人費盡周折終成眷屬，而在兩人結婚之前，以撒的姐妹也和蘇珊娜的兄弟（即盧梭的姑姑和舅舅）在一起。只可惜好景不長，盧梭的出生令以撒失去了愛妻，令他自己失去了母親，這一出生悲劇影響了他一生的情愛道路，可以說，在成年後的每一段情愛關係中，盧梭都在尋找他終生未曾蒙面的母親。

　　孩子失去了母親，丈夫失去了妻子，一個幸福的家庭充滿哀傷。以撒把瀕死的盧梭交給了他的妹妹蘇珊娜（正好與盧梭的生母同名）撫養。蘇珊娜姑姑把盧梭撫養長大，並為他提供了終生難忘的教育，盧梭對音樂的愛好便是來自姑姑的培養。「她會唱無數美妙的小調和歌曲，以她那清細的嗓音，唱起來十分動聽。這位出色的女子的爽朗心情，可以驅散她本人和她周圍一切人的悵惘和悲愁。」盧梭在《懺悔

錄》中如是說。

晚年時，盧梭時常想起蘇珊娜姑姑教給他的歌曲，每每想起，他便像個孩子一樣哭起來。美的薰陶具有神奇的力量，盧梭在青年時期獲得機會繼續發揮他的音樂天分，他自學和研究音樂，結交音樂家，與作曲家交流，盧梭寫過音樂論著（雖然不受歡迎），還創作了歌劇，充分表現了他的創作才華。

實際上，以撒是一個痴情的「文藝青年」。他因喪妻而整日鬱鬱寡歡，談起亡妻便忍不住落淚，這讓盧梭幼小的心靈感受到難以承受的悲痛 —— 他知道自己的存活是母親的生命換來的，他思念母親，帶著負罪感感恩母親。

悲痛歸悲痛，以撒並沒有在教育孩子上有所懈怠，他把對亡妻的愛轉移到盧梭身上，除了工作之外，他把大量時間花在陪兒子閱讀上。盧梭的外祖父留下了大批書籍，後來成為他的啟蒙讀物。七歲之前，他在父親的陪伴下讀完了家裡的所有小說。在教育小說《愛彌兒》中，盧梭說：「我寧願讓一個孩子到十歲的時候長得身高五尺，而不願意他有什麼判斷的能力。」字面上看，盧梭似乎不主張兒童讀書過多，其實這是對盧梭的誤解。

盧梭的成長經歷是伴隨書本、閱讀而來的，回憶起童年時代，盧梭並未表現出消極、批判的態度 ——「我不知道

五六歲以前都做了什麼，也不知道是怎樣學會閱讀的。我只記得我最初讀過的書，就是從這時候開始的。我母親留下了一些小說，吃過飯我就和父親讀這些小說。起初，父親不過是想利用這些有趣的讀物教人練習閱讀，但不久以後，我們就興致勃勃地兩個人輪流讀，沒完沒了，往往通宵達旦，一本書到手，不一氣讀完是絕不甘休的。」盧梭並未受過系統的學校教育，可以說，他成年後的寫作能力、思辨能力都是童年時期的大量閱讀累積而成的。

從書籍中，盧梭「結識」了許多大人物，他喜歡歷史上的英雄豪傑，為古希臘、古羅馬時期的英雄人物激動不已，讀書培養了他對自由和藝術的熱愛，塑造了他倔強、高傲、不肯受束縛和奴役的性格。這些高貴的品格陪伴了盧梭一生，令他在攸關性命、名聲的重大時刻做出了保存尊嚴的選擇。

十歲那年，以撒因故被迫離開日內瓦，盧梭被寄養在舅舅加百列（Gabriel Bernard）家裡，從這一年起，盧梭告別了無憂無慮的書齋童年，開始了夾雜屈辱與淚水的學徒生涯。十歲到十二歲的兩年間，盧梭生活在景色秀美、民風淳樸的鄉村包塞，那裡的朗拜爾西埃牧師（Monsieur Lambercier）是他的老師，教他學習拉丁文，這段日子裡，讀書、學習依然占據他的生活重心。

唯一意外的事件是，牧師的姐妹朗拜爾西埃小姐的體罰讓盧梭第一次意識到身體快感，他發現「受處罰的痛苦乃至恥辱之中還摻雜著另外一種快感，使得我不但不怎麼害怕，反倒希望在嘗幾回她那纖手的責打」。經由朗拜爾西埃小姐的纖纖素手，盧梭早熟的性本能被激發出來，疼痛的快感構成他情愛生活的前因，引出一系列迷狂愛戀的後果。

之後，盧梭離開包塞，離開他人生中最後一段快樂時光，回到了日內瓦。閒來無事，他在舅舅家住著，等待成為工程師、牧師或者鐘錶匠。在眾多不確定的職業中，舅舅首先替他做了選擇 —— 律師。盧梭被送到一個法院書記官那裡學習法律。

律師是盧梭討厭至極的行當，在他人眼中，律師是一個有用的職業，盧梭則認為律師不過是利用卑鄙手段發財的活計，他懷著憎惡之心工作，整日心不在焉，很快，盧梭招來了書記官的輕蔑和辱罵。直到被掃地出門，盧梭也沒有愛上律師這一行業。

告別律師事務所，盧梭走進了鏤刻店的大門，在那裡，他受到了前所未有的摧殘。他的天真活潑，他的溫柔多情，被脾氣暴躁的杜康曼先生磨光削平，從實際生活到精神面貌，盧梭完全變了一個人，別人再也看不出盧梭受過良好教育的痕跡，相反地，人性中醜陋不堪的一面逐漸暴露出來：

撒謊、偷竊、怠惰。有時候，盧梭覺得自己有些過於厚顏無恥了，詫異自己怎會墮落到如此地步！忍受了三年挨打受罵、大吃苦頭的日子，盧梭選擇了逃走，這一走，便開始了他十三年顛沛流離、四處遊蕩的生活。

初出世界，盧梭對未知的世界充滿恐懼，他料想到一個無知少年將在遠方接受苦難和陷害，被人奴役，甚至直面死亡。不過，他心中仍抱有一個美好的期待：「一座宅第就是我最大的奢望，只要能做那裡的領主和領主夫人的寵兒，小姐的戀人，少爺的朋友，鄰居的保護人，我就心滿意足了，我再也沒有更多的要求。」

盧梭帶著這個「樸素的未來」在城郊流浪，在田野漫遊。流浪的日子裡，盧梭遭遇過白眼，也得到過幫助，他做過僕人、隨從，甚至像乞丐一樣睡在大街上，行走在路上，他有機會見到社會百態：下級官吏橫行鄉里，地方治安官橫征暴斂……

種種人之醜惡和社會之醜惡落入盧梭的眼中，他為農民的貧苦和社會的不公感到憤慨，可以猜測，盧梭對「人類不平等的起源」的思考始於這段茫然無著落的旅途之中。走過漫長而淒苦的旅程，盧梭找到了人生中第一個溫情港灣 —— 華倫夫人（Françoise-Louise de Warens）。這位亦情人亦母親的高貴女子在盧梭的人生中和心靈上扮演了至關重要的角色。

母親般的貴婦人

　　流浪到距離日內瓦四公里半的薩瓦境內，盧梭遇到了一位神父：德·彭維爾先生（Monsieur de Pontverre）。神父先生招待他吃飯，請他喝醇美的葡萄酒，並且對他說：「上帝在召喚你，你到安錫去吧！你在那裡可以見到一位非常仁慈的善心的夫人……」神父先生口中的這位仁慈善心的夫人便是華倫夫人。拿著神父的引薦信，盧梭花了三天時間走到華倫夫人的莊園，此時的他並沒有意識到這一拜訪對他整個人生的意義。

　　初見華倫夫人，盧梭只有十六歲半。未見到本人之前，盧梭以為她是一個「面目可憎、老態龍鍾的醜老婆子」，事實恰恰相反，盧梭見到的是一個有著「風韻十足的面龐，一雙柔情美麗的大藍眼睛，光彩閃耀的膚色，動人心魄的胸部輪廓」的嫵媚女人。盧梭一眼便把華倫夫人看遍了，並且被她深深迷倒。

　　華倫夫人出身於一個古老的貴族家庭，年輕時，她與華倫先生結婚，婚後沒有生子，後來，由於婚姻生活的不幸和家庭衝突的糾纏，她巧藉維克多·亞美德王（Victor Amadeus

II of Savoy）之手逃離婚姻。得到國王的年金後，華倫夫人皈依了天主教，獨自生活在安錫的宅邸裡。

二人初次相見，華倫夫人只有二十八歲，她稱呼盧梭為「孩子」，盧梭稱呼她為華倫夫人。在盧梭看來，華倫夫人不具備面貌上的優美，卻有著風姿上的魅力，「她的態度親切嫵媚，目光十分溫柔，嫣然一笑好像一個天使」。第一次相見，華倫夫人並沒有馬上收留他，而是任他外出走了一遭，幾個月後，盧梭重新出現在華倫夫人面前，自此，他在華倫夫人家裡擁有了屬於自己的房間。收留一位少年，任其住在家裡，華倫夫人並非沒有顧慮，但她態度堅定，她說：「別人想說什麼就說什麼吧；既然上帝把他送來給我，我就絕不能拋棄他。」

在華倫夫人身邊，盧梭有了固定的住處，有了「媽媽」，他毋須再為一日三餐、遮頭瓦片發愁。盧梭帶著最高的崇敬之心對待這位「媽媽」—— 這個被他終生使用的稱呼，他們一起閱讀，一起討論人生，討論信仰。「媽媽」為盧梭創造教育的條件，滿足他對文學和哲學的愛好，培養他的音樂才能。盧梭二十歲時，不可遏制的愛讓這對「母子」衝破了道德的束縛，盧梭把他的童貞獻給了親愛的「媽媽」，自此，盧梭與「媽媽」之間的關係變成了愛情、親情、友情複雜交錯的情感羈絆。

　　從十六歲到二十九歲，盧梭在華倫夫人身邊停留十三年。與華倫夫人相愛，盧梭同時享受與其他女人的肉體之歡。除了盧梭，華倫夫人也有情人，管家阿奈（Claude Anet）便是令人不安的存在之一。他們三人生活在一起，彼此關心，互相照顧，但是各懷鬼胎。二十九歲時，由於不堪忍受華倫夫人另有所愛，盧梭懷揣著《納西瑟斯》（*Narcissus, Or the Lover of Himself*）的手稿和微薄的金錢離開瑞士，前往法國巴黎。

　　盧梭離開華倫夫人，獨闖巴黎，自謀生路並非易事。他從事過多種職業，與此同時，他廣交朋友，其中就包括啟蒙運動的代表人物狄德羅（Denis Diderot）。狄德羅與盧梭一樣出身平民，畢業於巴黎大學後，他一直沒有固定職業。二人相識後，出於共同的興趣、愛好和志向以及對學術工作的熱情，他們很快成為朋友。

　　狄德羅邀請盧梭參與編寫他主編的《百科全書》，負責音樂部分，後來由於狄德羅發表《論盲人書簡》（*Letter on the Blind*），大肆宣傳無神論思想，觸怒了統治階級，被捕入獄，盧梭的編寫工作被迫中斷。那段日子裡，盧梭四處求援，甚至找到了國王的寵妃龐巴度夫人（Madame de Pompadour），希望把狄德羅救出來，可惜他的力量微薄，求援工作收效甚微，但是盧梭經常到監獄探望狄德羅。

正是到監獄探望狄德羅的契機，盧梭看到了第戎科學院的徵文啟事。徵文題目為〈科學和藝術的進步對改良風尚是否有益〉，盧梭看到這個題目，心中靈感乍現，他把自己的想法告訴了狄德羅，得到了狄德羅的真誠鼓勵。幾經謄寫和修改，盧梭交出了一篇題為〈論藝術和科學〉（*Discourse on the Arts and Sciences*）的文章，這篇文章最終獲得頭等獎，盧梭一夜成名。

之後，盧梭開始了他的著述之路，歌劇《鄉村中的占卜師》（*The Village Soothsayer*），論文〈論語言的起源〉（*Essay on the Origin of Languages*）、〈論法國音樂的信〉（*Letter on French Music*）、〈論人類不平等的起源和基礎〉（*Discourse on the Origin and Basis of Inequality Among Men*）皆寫於其後兩三年。與此同時，他開始結識巴黎的貴族和貴族家的太太、小姐們。

美麗而虛榮的女人以極大的熱情和友好擁抱盧梭，盧梭也毫不吝嗇地表達他對貴婦人的由衷讚美。雖然他的思想理論站在貴族體制的對立面，在文章中為生活在社會底層的平民發聲，他一生感興趣的女性始終是貴族小姐，貧賤的出身讓他在虛榮心的驅動下極力討好權貴階層的婦人，他寫小說、詩歌、戲劇讚美上流女士，與上流社會的女人們發展曖昧關係，一次又一次的露水情緣為他鋪墊了在巴黎活動的道

路。這些女人也成了他坎坷人生路的貴人 —— 他曾經被眾多貴婦人推薦成為法國駐威尼斯的大使祕書，可惜他性格中的奴性成分不足以讓他勝任大使祕書一職。

令人意外的是，盧梭最終選擇了一個酒店女傭做自己的終身伴侶。泰蕾茲・勒瓦瑟（Marie-Thérèse Levasseur），一個二十多歲的鄉下女孩，淳樸善良，活潑多情，但卻目不識丁，平淡無奇。因為年幼無知，她被誘姦而失去童貞，做女傭的微薄收入還要養活家人。或許是勒瓦瑟的悲慘遭遇令盧梭產生了同情憐憫之心，盧梭帶著一份「永遠不會拋棄她，也永遠不會娶她」的聲明與勒瓦瑟同居在一起。

勒瓦瑟完全不同於華倫夫人或盧梭的其他貴婦人情人，她沒有受過教育，連時鐘都不認識，更沒有太太小姐們的高雅情趣，從某種意義上說，勒瓦瑟是以性伴侶的角色存在於盧梭的生活中的。不過，同樣出身平民階層的背景讓盧梭在貴婦人、貴族小姐面前的自卑和焦慮得到了緩解。

一生之中，盧梭讚美女人，依靠女人，他在女人（「媽媽」）的懷抱中成長 —— 盧梭的智慧與靈感離不開華倫夫人，他的文學素養亦是與華倫夫人一起生活期間培養起來的。中年之後，他在女人（妻子、僕人）的悉心照顧下度過艱難歲月；漂泊無職時，貴婦小姐們為他推薦職位；遭人攻訐時，宮廷的貴族婦人幫他把書籍保存下來；之後，在貴婦

小姐的幫助下，他完成了《社會契約論》（*The Social Contract*）、《愛彌兒》（*Emile, or On Education*）、《新愛洛伊斯》（*Julie, or the New Heloise*）等著作。

縱觀盧梭一生的所有女性，華倫夫人與勒瓦瑟是舉足輕重的兩位。他和華倫夫人之間的情愛關係並非盧梭真正的愛情，華倫夫人彌補了盧梭缺失的母愛，像母親教導兒子一般，將他從一個迷途少年拉回了正軌。1768 年，華倫夫人已經仙逝，盧梭在回憶錄《一個孤獨漫步者的遐想》（*Reveries of the Solitary Walker*）中寫道：「在四五年裡，她享受了一個世紀的生命和純潔而完美的幸福。」

盧梭與華倫夫人終生以「孩子」、「媽媽」彼此稱呼，儘管他們的關係早已突破「母子」，而變成了情人、朋友、姐弟或師徒，在盧梭眼中，華倫夫人更像是他的「上帝」。那麼，他們愛情的真相是什麼？一個十六歲半，一個二十八歲，一個是乳臭未乾的窮小子，單純可愛而且忠誠，一個是雍容華貴的貴婦人，養尊處優但是受困於禮教，單從愛情來看，兩人的關係從一開始便是不對等的，由此決定二人的情愛關係終有結束的一天。

不過，在盧梭看來，華倫夫人不只是「情人」而已，他在這個風姿綽約、教養良好的女人身上找到了缺失的母愛，他們的情愛關係亦是盧梭「戀母情結」的延伸。在華倫夫人

身邊，盧梭扮演著一個不斷出走、不斷歸來的「兒子」角色，他在華倫夫人身上找到了溫暖、安頓和依賴感，不管他在外出流浪時遭遇過多少痛苦，他最終都可以回到華倫夫人的懷抱中，得到安慰和關懷。他說：「因為失去母親的孩子總在尋找母愛；正是在華倫夫人身上我找到了。」

華倫夫人是盧梭精神上的母親，勒瓦瑟則是盧梭生活中的母親。她無力改變盧梭，也無力提供幫助，她像忠誠的僕人一般照料盧梭的生活，盧梭一次次被社會拋棄，遭人攻訐侮辱，從一個國家流浪到另一個國家，勒瓦瑟不離不棄地追隨他、照顧他，看護他的日常起居。

盧梭與勒瓦瑟之間缺乏愛的火花，但卻建立了生死與共的親密關係，同居二十五年，他們先後生育了五個孩子，只可惜，五個孩子無一不是被盧梭送到了育幼院。對此，盧梭辯解說，他們無力撫養孩子，只能放棄作為父母的愛與責任，把孩子交給國家。垂垂老矣，盧梭與勒瓦瑟在巴黎正式結婚，拒絕了二十多年，他終於給了心甘情願追隨他的女人一個正式的名分。

盧梭也曾擁有男性朋友，可惜那些男人最終都變成了他的敵人。盧梭是女人的寵物，男人的敵人，這成了他後半生的生活寫照。最孤獨時，盧梭腹背受敵，一人作戰，他與貴族王權為敵，與百科全書派為敵，所到之處，必遭驅逐。回

到女人的懷抱，他才重新成為「媽媽」的寵兒，重新擁有了征服世界的力量。

誠如朱學勤先生在〈盧梭和他的戀母情結 —— 兼論某種文化現象〉一文中所說：「人們常驚嘆盧梭竟以流浪漢的身分征服了巴黎，但忘了補充一句，他是透過婦女才征服了巴黎。他首先征服了那個世界的感情部分，然後再試圖征服那個世界的理性部分。」

戀母症與受虐癖

法國啟蒙運動的三位悍將是伏爾泰、狄德羅和盧梭。伏爾泰嬉笑怒罵，用幽默與諷刺作為他與封建王權、教會勢力抗爭的武器。狄德羅高聲疾呼，從一開場便扮演了極致反叛者的角色。盧梭經過曲折、迂迴的漫長道路，才在巴黎打開舞臺，獲得名聲。三位啟蒙主義者都和巴黎貴婦人有著複雜纏綿的關係，三位之中，盧梭最甚。在與貴婦人、貴族小姐交往過程中，盧梭愈加顯露出他的戀母傾向和受虐心理。

盧梭最早的受虐經歷在他十歲那年。十歲時，盧梭待在鄉間的牧師宅邸接受教育，牧師的姐妹朗拜爾西埃小姐經常鞭打他，這種鞭打沒有給他留下痛苦、屈辱的回憶，反而為他帶來了「肉慾的快感」，甚至影響了盧梭終生的慾望、情感表達方式。

十一歲時，盧梭成了維爾賽里斯伯爵夫人的情人，對方年長他十一歲。同時，他還和一個小學老師戈登小姐幽會。與年輕女孩廝混，盧梭喜歡一邊做愛，一邊被鞭子抽打。他喜歡女人在自己面前顯示權威的模樣，「跪在一個潑辣情婦的面前，服從她的命令，乞求她原宥，對我來說就是極甜美的享受」。

　　按今天的話說，盧梭根本是一個受虐狂。受虐與施虐在性心理學研究中是一個重要領域，受虐包括自虐和他虐，兩者沒有本質上的差異，而且都和性相關。人們沉溺於受虐體驗，因為受虐帶來的恐懼、疼痛和羞辱感能刺激人的腎上腺素分泌，而性體驗過程，腎上腺素分泌也會增加。可以說，恐懼、疼痛、羞辱感等與性體驗有一定的關聯性，而且會相互轉化。更重要的是，性愛中的暴力、虐待並不會對人身安全造成威脅，如同觀眾鍾情於恐怖電影一般，置身於危險處境，但又超脫於危險境地，快感來源便是這裡。

　　從廣義的受虐來看，盧梭在感情上承受的「虐待」勝過性愛中的鞭打。與華倫夫人的愛情是悖德的「亂倫之愛」，每次歡娛之後，盧梭都承受內心的折磨，「好像犯下了樁亂倫罪似的」。在與諸多貴婦人的交往中，盧梭則承受著階級身分帶來的痛苦，貴婦人們接受他的討好和奉承，尊重和肯定他的才華，卻無一不輕視他的流浪漢出身。和無知無識的勒瓦瑟生活在一起，多少讓盧梭獲得內心的優越感，但他卻無法與這個連鐘錶都不會讀的女人討論文學、藝術和愛情，精神上的苦悶無異於受虐。

　　實際上，盧梭不僅是受虐狂，還做過暴露狂。慾望無法滿足時，盧梭嘗試過脫掉褲子，站在街上，露出他的臀部。他知道這是一件愚蠢的事，但他樂此不疲，因為裸露給他帶

來快感，帶來無比的性滿足。寫《懺悔錄》時，盧梭似乎並未對自己的行為覺得恥辱，他說：「……我要在女人跟前暴露自己的那種愚蠢的樂趣是很滑稽的，我毫不懷疑一定會有某個女人在身旁經過時會給我一種樂趣。」

盧梭的快感正是露陰癖者的快感。此快感並非來自裸露生殖器，而來自被騷擾者的行為反應。如果被騷擾者，尤其是女性見狀後表現出驚慌失措、失聲尖叫、開口大罵等，露陰癖者會體會到自身的男性威力。露陰癖多為男性，一部分因性慾無法滿足，用這種方式獲得快感，也有很大一部分因為在正常的性生活中無法滿足，如性無能、與伴侶性關係不暢，以此種暴露的方式對自己承受的屈辱進行報復。

哈維洛克・艾利斯（Henry Havelock Ellis）在《性心理學》（*Psychology of Sex*）中強調，他（露陰癖者）覺得在精神上奪取了一個女子的貞操。如此看來，盧梭應該只是前一種原因。成年之後，盧梭結交了無數女人，便沒有繼續做出暴露的行為，或者說，他選擇了另外一種更優雅、更隱晦的暴露方式 —— 《懺悔錄》便是他最直接、最深刻的暴露。

說起盧梭結交的女人，一生之中，他與無數女人有染，其中對他影響最大的非華倫夫人莫屬。精神分析理論認為，男人在成長過程中需要完成三件事：擺脫母親，與父親和解，找一位不同於母親的伴侶。盧梭從出生便完成了「擺脫

母親」這一項，母親過早去世令他沒能獲得一份健康、完整的母愛，這也導致了他不可能「找一位不同於母親的愛戀對象」。終其一生，盧梭像一個長不大的孩子，他不負責任，敏感、缺乏安全感，把情感投入到「尋找母親」這件事上。

華倫夫人是盧梭的情人，首先是他的「母親」，可以說，蘇珊娜姑姑是盧梭生理上的母親，華倫夫人是他精神上的「母親」。盧梭從一個流浪漢成長為一代大家，華倫夫人功不可沒。盧梭住下來後，華倫夫人便為他制定了出人頭地的計畫。華倫夫人找來一位親戚替她評估盧梭的「成才可能性」，那人觀察、鑑定一番後，認為盧梭各方面都很平庸，日後能做一個本堂神父已經不錯。於是，華倫夫人把盧梭送到神學院讀書。盧梭不適應神學院的環境，又回到華倫夫人身邊。

「母親」沒有對少年失去信心，她安慰盧梭疲憊的身軀和受傷的心靈，並為他謀劃新的出路。這時，華倫夫人發現了盧梭的音樂天分。華倫夫人親自教他音樂，還把他送到了一所音樂學校。進入巴黎後，盧梭的確表現出一定的音樂天分，受狄德羅之邀編撰《百科全書》，盧梭負責的便是音樂部分，當然，他的音樂天分不足以令他成為蕭邦、布拉姆斯那樣的音樂家。

十多年間，盧梭與華倫夫人分分合合五次之多，在這個

強大又溫情的女性愛撫下，盧梭那顆不安的靈魂獲得了安穩和平靜，貴婦人滋潤了他的情感，也滋養了他的文化靈感。晚年時，華倫夫人生活放蕩，陷入貧窮和頹廢，儘管早已失去「母親」的恩寵，盧梭對她懷有不可言說的複雜感情。面對華倫夫人的處境，在他沉痛地嘆息說：「媽媽老了，墮落了！」可見盧梭對「母親」流露出的摻雜著幽怨、不滿、無奈和痛心的複雜感情。

除了華倫夫人這位「母親」般的情人，盧梭也曾嚮往過真正的愛情，比如與烏德托夫人（Sophie d'Houdetot）的戀情。初識烏德托夫人，一位二十七歲的少婦。盧梭四十五歲，年屆中年，擁有名聲和地位，生活上，他與勒瓦瑟同居多年。那一年，盧梭正住在烏德托夫人的嫂嫂德皮奈夫人（Louise d'Épinay）贈送的別墅中構思他的新小說 —— 德皮奈夫人垂青盧梭，盧梭對這個女人卻無甚興趣，在《懺悔錄》中，盧梭如是寫道：「她很瘦，臉色很蒼白，胸部一平如掌。單是這一個缺陷就使我涼了半截；我的心靈和我的感官是從來都不曉得如何把一個沒有乳峰的女人看作一個女人的。」

烏德托夫人的丈夫是宮廷近衛隊軍官，情人聖朗拜爾（Jean François de Saint-Lambert）是一名軍官，日後成了一位著名的詩人。盧梭和這兩個人熟識，他與烏德托夫人的見面

正是因為聖朗拜爾的事情。第一次見面匆匆而過，到了第二年，盧梭與烏德托夫人第二次見面，二人的關係才發生了變化。盧梭陷入不可遏制的感情之中，他愛慕這位婦人，讓她賦予小說女主角靈魂。

盧梭這樣描述烏德托夫人：她說不上美，臉上還有麻子，皮膚又不細膩，眼睛近視，眼型有點太圓。烏德托夫人算不上驚豔四座的美人，但有著打動人的風韻氣質，從她身上，盧梭看到了朱麗的形象。與烏德托夫人交往最大的收穫便是朱麗，盧梭把這段戀情中的奇妙和痛苦皆以詩意的筆法寫進了《新愛洛伊斯》。

《新愛洛伊斯》的出版令盧梭獲得了巨大的聲譽，與此同時，他也付出了昂貴的代價。德皮奈夫人因為妒忌而與盧梭鬧翻了，盧梭搬出了德皮奈夫人送給他的別墅。不僅如此，德皮奈夫人還把這件事告訴了聖朗拜爾，烏德托夫人此後和盧梭中斷了往來。

作為女人，烏德托夫人有著高貴的氣質、良好的修養和溫柔的性格，她對盧梭抱有尊敬和理解，與烏德托夫人相處，盧梭既受到了愛情的滋潤，同時忘記了社會偏見與束縛。不過，這段愛情終究是一個悲劇。

烏德托夫人真的忘記盧梭的底層人身分了嗎？上流社會的女人沒有強烈的節操觀念，但卻有著根深蒂固的階級觀

念。和盧梭的交往中，烏德托夫人從未委身於他，因為她並不覺得盧梭與自己是平等的。貴婦人可以和同樣出身貴族的男人相好，丈夫和情人成為朋友的趣聞也不少見，但是，與來自底層社會的男人相好卻會影響聲響。盧梭一廂情願的愛戀迷惑了自己的雙眼，以為世界真的存在那麼一兩個超脫世俗的奇女子，最終盧梭得到的也不過是失望、痛心而已。現實中不可能的愛情，盧梭便把它放在了小說中，《新愛洛伊斯》中的聖普樂和朱麗最終衝破階級身分，有情人終成眷屬，是盧梭對自身愛情無法實現的補償。

漫步在懺悔世界

　　漢語中的「懺悔」來自佛教用語，梵文是 ksama，音譯為「懺摩」，省略為懺，意譯為悔，合稱為「懺悔」。佛教規定，出家人每半月集合舉行誦戒，給犯戒者以說過悔改的機會。後來，懺悔也用來自陳己過，成為悔罪祈福的方式。日常使用時，懺悔引申為認識到錯誤或罪過，並且決心改過。

　　在基督教文化中，懺悔的含義比漢語中的懺悔更複雜些，因此《懺悔錄》不是對自己所犯罪過進行反省、悔過的文字，而是面對上帝，基於人的原罪向上帝認錯。教徒透過懺悔尋求心靈上的安慰和解脫，有時是因為自己犯了錯，做了壞事，有時是為了尋求道德上的完善。所有的惡意、邪念、可惡都是罪孽，為了免去良心上的焦慮不安，所以懺悔，透過懺悔來贖罪。教徒在懺悔時，放在內心的驕縱、虛榮和卑劣，以自願自覺的心態誠實面對自己，面對神明。

　　年過半百，盧梭著手寫他的人生回憶錄，四年後寫成兩卷，名為《懺悔錄》（Confessions）。盧梭為什麼要懺悔呢？從文本中或許可以找到答案，比如他在《懺悔錄》第三章寫到的他在少年時期經歷的一次「絲帶事件」。

話說，那時他在維爾賽里斯伯爵夫人宅邸當僕人，他看上了一條銀色和玫瑰色相間的舊絲帶，然後把它偷了出來。不巧的是，他還沒有把絲帶藏好就被人發現了。有人問盧梭，絲帶是從哪裡拿的，他慌了神，支支吾吾說不出話來，後來謊稱是僕人瑪麗給他的。為了弄清楚事實，所有人都被召集起來，伯爵也在。為了保護自己，盧梭厚顏無恥地認定是瑪麗偷的絲帶，瑪麗沒有發火，但是斷然否定，面對盧梭的指控，她哭著說：「唉！盧梭呀，我原以為你是個好人，你害得我好苦啊，我可不會像你這樣。」

對質結束，一個一口咬定，一個堅決否認，伯爵找不到結果，只好把盧梭和瑪麗都辭退了。臨走時，伯爵說：「罪人的良心一定會替無罪者復仇的。」伯爵的話應驗了四十多年，多年裡，盧梭從來沒有忘記過這件事，也沒有逃過良心責備給他帶來的痛苦。「這種殘酷的回憶，常常使我苦惱，在我苦惱得睡不著的時候，便看到這個可憐的女孩前來譴責我的罪行……」

《懺悔錄》中不乏類似的故事，盧梭為他年少時做的荒唐事懺悔，將他成年後受的苦和這些故事連繫起來。如果把這個故事，或者諸多類似的故事當作盧梭寫《懺悔錄》的原因，未免太過浪漫主義了。況且，許多學者對盧梭描寫的「絲帶故事」提出質疑，認為這不過是他杜撰的一個文本，

而不是歷史提供的真相 —— 按照這些人的說法,《懺悔錄》本身也是杜撰的故事,只是披著自傳的糖衣 —— 這麼說有些矯枉過正了。

盧梭的「懺悔」,坦白、暴露甚至戰鬥的成分更多,和狄德羅相比,盧梭依然相信上帝,但他對上帝真有那麼多的熱忱和敬仰嗎?不見得。至少他的懺悔和上帝的關係遠些,和人的關係近些。在《懺悔錄》第一章開篇,盧梭寫道:「我現在要做一項既無先例、將來也不會有人仿效的艱巨工作。我要把一個人的真實面目赤裸裸地揭露在世人面前。這個人就是我。」

懺悔,在盧梭那裡並非向神的悔過。雖然他不忘記對上帝疾呼,「萬能的上帝啊!我的內心完全暴露出來了,和您親自看到的完全一樣,請您把那無數的眾生叫到我跟前來!讓他們聽聽我的懺悔,讓他們為我的種種墮落而嘆息,讓他們為我的種種惡行而羞愧」。他在講述自己的故事,同時不排除為自己辯解、開脫的嫌疑。從諸多細節之處可以看到,他並沒有為自己做過的錯事真誠懺悔,或許他覺得那沒有必要懺悔,他只是在陳述事實,展現一個真實的自己,用這種方式與他的「敵人戰鬥」。

1762 年發生了一件事,不失為盧梭創作《懺悔錄》的契機。巴黎議會查禁《愛彌兒》,並且下令逮捕作者。盧梭

聞訊後倉皇出逃，漂泊在外，他不忘記寫文章為自己辯護。兩年後，寄居在外的盧梭看到了《公民的情感》（*Sentiments des Citoyens*）一書，書中以滿紙粗話的形式披露了盧梭將孩子送入育幼院的事情，批判他一生標榜美德自己卻多做惡劣的行為。盧梭尚不知道這是伏爾泰匿名而作，不過，他萌生了寫回憶錄的念頭。他要回應他的「敵人們」，要為自己辯解。

1766 年，盧梭五十四歲，《懺悔錄》從這一年起筆。動筆之前，盧梭做了充足的準備。他把以往的手稿、書信、劄記等收集到一起，並且將它們分類、編號，命名為《我的生平文獻》，這些資料後來收錄在《盧梭全集》當中。

由於居無定所，盧梭只能斷斷續續地寫。1766 年年底，第一部分大功告成。兩年後，原本打算寫到第六章擱筆的盧梭認為他的「敵人們」還在密謀害他，他應該繼續還擊，於是他從第六章開始，寫到 1770 年。盧梭寫到第十二章，他原本計畫寫第三部分，後來放棄了。根據盧梭的意願，《懺悔錄》要在他去世很久後再發表，結果，他 1778 年去世，《懺悔錄》上卷便於 1782 年出版，下卷的出版日在「大革命」爆發的 1789 年。

名為《懺悔錄》，盧梭不只懺悔，他還控訴、吶喊、揭露和批判。這本書記錄了從 1712 年到 1766 年五十多年間的

生活經歷。他寫孩提時期寄人籬下的經歷，寫流浪時期目睹的種種黑暗和不平，寫他摻雜痛苦和甜蜜的風流韻事，寫他和「百科全書派」朋友們的恩怨情仇。

出生後不久，他便擁有了第一宗罪 —— 母親因他而去世。因為他的出生導致了母親的死亡，這並不是他的錯，他卻背上了罪過。不得不說，這是後天 —— 來自父親，來自外人施加在他身上的「宣判」。盧梭一生認為，每個人都是以「乾淨無辜的自然人」來到人世間的，後天的社會讓人背負罪惡，他的第一宗罪便是證據。

《懺悔錄》的前半部，盧梭寫下了他成長過程中走過的路，犯下的錯誤，比如他偷盜還栽贓他人，他好色而濫情，對華倫夫人忘恩負義，比如他與情人同居生子，卻放棄做父親的撫養義務……大膽暴露個人隱私，卻因為有著鮮活的文字與故事而富有生命力，到了後半部分，盧梭糾纏在與「百科全書派」的文字官司和情感糾葛中，把回憶錄變成了論戰錄，失掉了藝術靈氣和文字美感。

書寫個人生活也好，書寫言論之爭也好，十八世紀，盧梭生活的那個時代，並非如今天這般流行將私人生活展示給公眾，只有貴婦人會將私人生活暴露給僕人，體面的紳士小姐貴婦人全然不會將個人私事放在檯面上，更不用說寫成書供讀者消遣。在這一背景下，盧梭的《懺悔錄》便成了大

逆不道之事。他把私生活展示在眾人面前，毫無顧忌地談論自己的手淫、偷盜、風流多情。為此，他遭到了很多人的攻擊。

對此，盧梭似乎做好了心理準備。「不管末日審判的號角什麼時候吹響，我都敢拿著這本書走到至高無上的審判者面前，果敢地大聲說：『請看！這就是我所做過的，這就是我所想過的，我當時就是那樣的人。』不論善和惡，我都同樣坦率地寫了出來。我既沒有隱瞞絲毫壞事，也沒有增添任何好事；假如在某些地方做了一些無關緊要的修飾，那也只是用來填補我記性不好而留下的空白。」在今天看來，懺悔的勇氣可嘉。拋棄浮華表層，用常人的眼光審視自己，直面慾望和情感，比以往的名人傳記和今日的大亨傳記更有血有肉。

《懺悔錄》的走紅頗似網際網路時代水軍推送的「越罵越紅」。1782 年，過分袒露自我的盧梭令讀者覺得難堪，況且，當時的知識分子從來沒有讀過這種風格的文章，難堪之餘還有錯愕、驚異和不知所措。這一次，盧梭招致了更廣泛的貶損和批評，人們說他瘋了，成了下流的人，當然，也有寥寥幾人撇開他的生平八卦，繼續欣賞他的文學才華。

今天看來，盧梭不過還原了一個作為平民的人。十八世紀，失去了上帝的統治，人的意識全面覺醒，一個人應該如

何過自己的生活？沒有了神，那麼以什麼作為自己人生的榜樣？盧梭沒有把福音書當作聖旨，也沒有將人導向超驗的世界，而把目光放在了現世的人身上，放在自己身上。他自己作為一個人，一個平民，一個曾經的底層民眾，思考、衡量自己的人生價值。如何讓平民獲得作為人的意識，這是盧梭用自己的人生故事給後人留下的答案。

過了半個多世紀，《懺悔錄》才在法國文學史上首次獲得肯定，遲到的認可不僅讚美了盧梭「寫出最真實的自我」的勇氣，而且頌揚這部作品的文學美感。過去了兩百多年，今天的人們依然在讀《懺悔錄》，在讀盧梭。後世對盧梭和《懺悔錄》的推崇想必會震撼十八世紀的讀者吧！另外，兩百年前的「體面人」們一定想不到，今日世界已經到了全民暴露隱私、吸引著別人的目光窺看自己的時代。和今日之蔥爆羊肉相比，《懺悔錄》只能算清粥小菜了。

第三章

自戀是浪漫的開始 —— 奧斯卡·王爾德

著女裝的都柏林男孩

　　戲劇《理想的丈夫》中有這樣一句臺詞：自戀是一個人浪漫的開端（To love oneself is the beginning of a lifelong romance）。奧斯卡・王爾德（Oscar Wilde）創作這部探討愛情與贖罪的哲學思辨式戲劇，並沒有重點強調他的「自戀」主張，早在《理想的丈夫》問世的四年前，王爾德已經在小說《道林格雷的畫像》中表明了他的自戀傾向。

　　小說主角之一亨利・沃頓勳爵是一個富有洞察力，極具個人魅力的形象，他和主角道林・格雷一樣有著嚴重的自戀傾向，亨利・沃頓勳爵則是王爾德的自我投射。小說第一章，沃頓勳爵說：「不同的人，我是完全區別對待的。我選擇好看的人做朋友，選擇性格好的人來相識，選擇智力高的人當敵人。選擇敵人時得慎之又慎。我的敵人沒有一個是傻瓜，而都是些智力不錯的人。結果，他們也都很賞識我。」王爾德的自戀程度可見一斑。

　　身為作家的王爾德，他本人就是一個自戀狂。王爾德有著卓越的智慧，出色的才華，幽默時娛樂逗趣，諷刺時冷酷無情，在文學、藝術和生活方式方面，他顯得生機勃勃且桀

驚不馴，這些特徵和自戀型人格障礙者的雄心勃勃、自信滿滿、專注於自我等特徵不謀而合。成也自戀，敗也自戀，王爾德有著超人的智慧和才情，擅長吸引他人、控制他人。不過，過分自戀、狂妄和真誠也讓他因為悖德而成了維多利亞時代的殉道者。

一百多年過去了，人們依然在討論王爾德，不管他是一個奇裝異服喜歡作秀的人也好，是一個以犀利才能顛覆正統道德觀念的悖德者也好，王爾德超越了他的時代，以一個自戀者、一個唯美主義者的姿態在新時代重生。回到王爾德童年時代，在傳奇未上演之時，他只是一個聰明的小孩，一個富裕家庭中的二公子，一個被父母當成女孩來養的都柏林男孩。

西元 1854 年 10 月 16 日，王爾德在都柏林出生，父親是一位眼科、耳科專家，以醫術高明聞名遐邇，老王爾德對文學、考古學也有興趣，只是個人生活不夠檢點，兼具貪杯與好色，還曾為此遭到指控。王爾德的母親是一位詩人和政論家，性喜社交，筆鋒犀利，經常著奇異的服飾在家中招待如雲的賓客 —— 王爾德成年後的做派很大程度上受母親影響。

在王爾德出生之前，父母已經生育了一個男孩，比他年長一歲，他們期待能有一個女兒。王爾德出生後，很長時間裡被當成女孩養育，著裙裝，打扮成女孩模樣，直到真正的

妹妹出生，王爾德才換回男裝。很可惜，妹妹在她十歲時生病去世，這令王爾德非常傷心。

不知道這段「異裝」的經歷對王爾德的性取向有無影響。畢竟從心理學角度看，幼兒從三歲開始發展自我意識，其中一部分內容便是性別認同。「我是女孩還是男孩？」這個看似簡單的問題可能會影響一個人的一生。

這個階段，父母是關鍵性的角色，那個告訴孩子一個標準、一個評價的權威人物。研究顯示，把男孩當成女孩養或者把女孩當成男孩養的教育方式，可能造成孩子的性別角色混亂，進入青春期後，孩子會出現性取向上的困擾。當然，這未必是構成同性戀的原因，卻可能影響孩子的人格發展。

回到王爾德的童年，生活在藝術氛圍濃郁的家庭裡，王爾德自小從父母那裡接受了良好的教育和藝術薰陶，他也表現出過人的才智和天分。童年時，王爾德跟隨父親到法國、德國旅行，為此掌握了兩國語言；母親定期在家中舉辦沙龍，賓客們高談闊論，王爾德玩在其中，學在其中，同時練就了他出色的詭辯才能和異於常人的行為方式。而且，王爾德從小敏感多情。同齡的男孩子喜歡玩打架遊戲，喜歡收藏小刀，他卻鍾情於花朵和夕陽。

十一歲時，王爾德已經表現出自戀的姿態。在波爾托拉皇家學校，王爾德對宗教教義不感興趣，卻每日費心打

扮，以摩登公子哥式的奇裝異服扮相進出學校，引來眾人側目時，他不會覺得不好意思，反而自鳴得意。與滑稽打扮相反，王爾德在學業上表現出驚人的記憶力和領悟力。他讀書一目十行，儘管綜合成績平平，他的文學才能不容忽視。從波爾托拉皇家學校畢業後，王爾德拿到獎學金，考入都柏林的三一學院，三年後，他以一篇名為〈希臘喜劇詩人殘篇〉的論文獲得獎賞。二十歲，王爾德進入牛津大學莫德林學院就讀，並開始為雜誌撰稿。

在牛津大學，社會名流和天才怪胎匯聚一堂，王爾德混跡期間，並不是最出眾的一個。而後，他以獨特的愛爾蘭口音，驚人的身高（193 公分）和花枝招展的打扮吸引了無數目光。王爾德喜好華美的裝飾，穿著標新立異的服飾，愛好古玩，在房間裡擺滿了父親的考古收藏。據當時的牛津校友回憶，王爾德儼然把他的房間布置成了家庭沙龍。他用百合花、酒杯、花瓶、鍍金的瓷器做裝飾品，每個週日晚上，他都會在房間裡舉辦招待會，為賓客奉上美酒、香菸和美妙的音樂。

王爾德喜歡玫瑰，喜歡美酒，喜歡絢麗的領帶，在他看來，這些都是美的事物，和一道美食、一首好詩擁有一樣的價值 —— 在十九世紀的維多利亞英國，贊同他的人並不占多數。貴公子想把生活過成藝術品，希冀用他的藝術觀念來塑

造生活，在母親支持的文藝沙龍上，他著華服，以機智鋒利的辯才發表驚駭的言論，一時間，王爾德成為人們關注、談論的焦點，有人成了他的擁護者，有人對他的離經叛道大為光火。

從牛津畢業後，王爾德憑藉《詩集》（*Poems*）正式登上文壇，但他並未獲得足夠的名聲，金錢方面亦顯得局促。眼看老王爾德留給他的遺產所剩無幾，王爾德決定到美國、加拿大講學，在多所大學裡進行巡迴演講，一邊賺錢，一邊宣揚他的美學主張。期間，他受到了美國女人的歡迎和美國男人的白眼，同時，他沒忘記批評美國人的粗俗裝扮和缺少趣味。

從美國歸來，王爾德入住法國巴黎，在塞納河畔暫居下來，準備進軍巴黎社交圈。這一次，王爾德的裝備依然離不開華美。他把自己的房間裝扮得無比華麗，花瓶裡插著鮮花，壁爐臺上擺放希臘女神像，他還根據巴爾札克的手杖模樣定製了一根手杖。

寓居巴黎期間，王爾德成功結識龔固爾、雨果、都德等作家，他把自己的作品獻給諸位同行，但是得到的評價褒貶不一。龔固爾讚賞他的才華，雨果對他不屑一顧。擴大朋友圈的同時，王爾德繼續他的文學創作，這一時期的作品以戲劇為主，但是手法稚嫩，唯獨敘事詩〈斯芬克斯〉（*Sphinx*）

顯示了他的才華。王爾德在巴黎生活愜意，奈何他揮霍無度，很快陷入經濟困境，最後不得不返回倫敦。

　　而立之年，王爾德完成了他的人生大事 —— 結婚。風姿綽約的妻子康斯坦斯．勞埃德（Constance Lloyd）是一位富有律師的女兒，兩人結婚，是否讓王爾德獲得美滿的愛情有待定論，但康斯坦斯實實在在地給他帶來了一筆巨額嫁妝。如此一來，王爾德非但不用繼續為生計發愁，還能過上優渥的生活。幸福的婚姻生活激發了王爾德的創作靈感，這期間，他創作了〈快樂王子〉等童話故事。

十九世紀的段子手

　　結婚之後，王爾德生活無憂，心情大好，隨著兩個兒子的出生，他更加享受家庭生活帶來的快樂。在陪伴兒子玩耍的日子裡，王爾德獲得了許多靈感，這段日子也成為他創作的黃金時代。據他兒子回憶，「……有時會趴在育嬰室的地上，輪番裝成獅子、狼、馬，平時的斯文形象一掃而空……玩累時，他會讓我們靜靜聽他講童話故事，講冒險傳說，他肚子裡有講不完的故事……」

　　王爾德一生出版了兩部童話集，一部是 1888 年的《快樂王子和其他故事》（*The Happy Prince and Other Tales*），收錄了〈快樂王子〉、〈夜鶯與玫瑰〉、〈自私的巨人〉、〈忠誠的朋友〉和〈神奇的火箭〉五個故事，1891 年出版的《石榴屋》（*A House of Pomegranates*）收錄了〈少年國王〉、〈小公主的生日〉、〈漁夫和他的靈魂〉和〈星孩〉四個故事。王爾德創作的小說、戲劇作品所獲評價褒貶不一，他的童話作品卻獲得了異口同聲的稱讚，被認為是他所有作品中色調最明朗、最具有積極意義的部分。

　　王爾德的童話可以讀給孩子聽，也可以讓大人欣賞，兒

童從童話故事中看到天真、美好和善良，成年人則可以在感動之餘看到文字世界構築的淒婉唯美。他的作品數量不多，卻時常被拿來與安徒生、格林兄弟比較。〈快樂王子〉是王爾德代表者之一，故事中帶有淡淡憂傷的王子和燕子的故事將一幅俯瞰的社會百態的畫卷展現出來，詩意的筆觸，略帶淒婉和哀傷的文字氛圍，可謂極盡唯美。

〈自私的巨人〉也被稱為可與安徒生童話、格林童話媲美的「完美之作」。王爾德說，真正美的東西都是讓人憂傷的，有時候，這種美把作者本人都感動了，王爾德在對兒子講〈自私的巨人〉時就曾經感動落淚。

如果說，王爾德在童話作品中描繪了淒美、哀傷的唯美世界，他在戲劇作品中則盡顯「段子手」精神——時不時冒出令人眼前一亮的金句，震驚觀眾，也震驚世人。在生活中，王爾德也是一個隨時隨地冒金句的「段子手」，不管是參加文藝沙龍，參加貴婦人的晚宴，還是出國訪問，他總能以靈敏的思辨和舌燦蓮花的口才震懾旁人。

據說，王爾德當初訪問美國，入關時被美國海關詢問，有什麼東西需要申報，王爾德說：「除了我的天才，我沒有什麼可申報的。」這話到底是不是出自王爾德之口，如今已經很難考證。即便是後人杜撰的，這話卻如出自他筆下的眾多金句一樣，符合他的才華、氣質和性格。

短短四十六年的人生裡，王爾德留下了無數譏誚幽默、耐人尋味的句子。比如：

人生有兩個悲劇，第一是想得到的得不到，第二是想得到的得到了；

我們都在陰溝裡，但仍有人仰望星空；

什麼是離婚的主要原因？結婚；

做你自己，因為別人都有人做了；

牆紙越來越破，而我越來越老，兩者之間總有一個要先消失（這句是他的遺言）。

從文字來看，王爾德當是今日「雞湯文字」的鼻祖。一百多年前，他便開始寫短小精悍又不乏機智幽默的段子了。實際上，這些「段子」大多出自他的嚴肅文學作品，比如被稱為「風尚喜劇」的戲劇作品《溫夫人的扇子》（*Lady Windermere's Fan*）、《理想的丈夫》（*An Ideal Husband*）《不重要的女人》（*A Woman of No Importance*）和《不可兒戲》（*The Importance of Being Earnest*），靈動妙語多是劇中人物的臺詞。

「我們都在陰溝中，但仍有人仰望星空。」一句出自《溫夫人的扇子》。「書無所謂道德的或不道德的，書有寫得好的或寫得糟的，僅此而已。」出自小說《道林格雷的畫像》。除了在文學作品中創作靈動妙語，王爾德還親自嘗試

過「段子手」的工作。他曾經寫過不設戲劇情景的臺詞，也就是純粹的段子，以十句、二十句為單位賣給倫敦的報紙，這是賺取稿費的一個快捷方式。另外，在上流社會的聚會上，在文藝沙龍中，他也不忘記貢獻幾縷才情。不同於社交中的金句，文學創作中，王爾德不僅是為了娛樂而表現得或機智，或嘲諷，文字背後還有王爾德對所處時代、社會的觀察和思考，這也是他的戲劇在臺詞之外的亮點。

對待倫敦上流社會充滿偽善和虛榮的氛圍，王爾德既積極參與，也冷眼旁觀。他能看出上流社會的諸多弊病，並對其加以諷刺、嘲弄。王爾德嘲笑他人，也不放過自己，他和情人波西（Bosie）之間的驚世愛情也有虛榮的成分。王爾德看上的不僅是波西的年輕貌美，還有他的貴族身分 —— 這一點他比任何人都清楚。與此同時，他又著華服異裝，手拿鮮花頻頻參與，為自己獲得他人的關注和掌聲而沾沾自喜，樂此不疲。

混跡上流社會，結交貴族朋友，之後呢？再對這群人給予毫不留情的嘲弄。他這樣嘲弄他的朋友：「我不想去天堂，我的朋友都不在那裡。」他如此嘲諷他的敵人：「要原諒你的敵人，沒有什麼事比這更讓他們抓狂的了。」他這樣形容對他敞開懷抱的美國：「美國是唯一直接從野蠻進入頹廢、中間沒有經過文明階段的社會。」「我年輕時以為金錢是

世界上最重要的東西，等到老了才知道，原來真的是這樣。」這個梗至今還在網路上流傳，誰知道，王爾德在一百多年前已經說過了。

在文學史上，王爾德始終占據二流位置。他的戲劇也好，小說也好，童話故事或者發自內心的書信，遠遠不及他的悲情人生，他的奇裝異服，他的同性戀情為人稱道，唯一能與之匹敵的，恐怕就是他那流傳久遠的連珠妙語了。對此，王爾德似乎早有預感，他說：「一個人生活中的真實事情不是他所做的那些事，而是圍繞著他形成的傳奇。你永遠不該摧毀傳奇。只有透過它們，我們才可能對一個人的真實相貌略有了解。」

1998 年，去世近百年的悖德者王爾德獲得了英國人的原諒，他的金句「我們都在陰溝裡，但仍有人仰望星空」被選中，刻在了倫敦的王爾德紀念碑上。如此一本正經的文字，不了解他的人還以為他是一位靜觀世界、為之出神的古希臘哲學家呢。誠如傳記作家理查‧艾爾曼（Richard David Ellmann）所說：「他的悖論翩翩起舞，他的才智閃閃發光。他的語言中充滿了自嘲、趣味和放縱。」如果用一句話概括王爾德，「一生的浪漫，從自戀開始」似乎更符合他的「段子手」身分。

為藝術而燃燒

　　王爾德是主張為了藝術而藝術的，在論文〈謊言的衰朽〉（*The Decay of Lying*）中，他提出「生活模仿藝術」的觀點，他認為生活是鏡子，藝術才是現實。日常生活中，王爾德把藝術當作生活方式，也是生活的目的，所謂「軀體即靈魂，不單單在藝術當中是這樣，在生活的各個層面，形式都是萬物的開端」。他把藝術觀點化為行動，處處實踐他的藝術理念。

　　張愛玲說：「對於不會說話的人，衣服是一種語言，隨身帶著的袖珍戲劇。」王爾德比張愛玲更早懂得這個道理，而且，服裝對他來說不是語言的代替品，而是另外一種語言。王爾德的穿著品味，放在二十一世紀的今天也足夠出位。他喜著深紅色、丁香色的襯衫，紫羅蘭色領結，格子衫一定會比他的牛津同學大。最驚世駭俗的一次是他去美國巡迴演講時的穿著，拖到腳的綠色長大衣，衣領、袖口由毛皮裝飾，天藍色領帶配波蘭式圓帽子，要多誇張有多誇張──想像一棵近兩公尺的大樹頂著爛顫的花枝在移動，那場面多麼滑稽。

站在演講臺上，王爾德身著深紫色的短上衣，齊膝短褲配黑色長筒絲襪，低幫鞋，如此不倫不類的裝束瞬間轟動了北美大陸。經過牢獄之災，王爾德依然保持他的唯美主義者姿態。出獄之前，他便寫信給朋友，要求幫他準備各色衣物鞋帽配飾，每一樣都做了品牌、顏色和樣式的要求。

　　可惜，生活不是藝術，現實就是現實，冷冰冰的。與波西充滿激情、喪失理智的同性愛情，王爾德實踐了他的藝術理想，得到的是飛蛾撲火般的愛情和身敗名裂、眾叛親離的人生結局。

　　1891 年，王爾德與阿爾弗雷德·道格拉斯（Lord Alfred Douglas）初次見面 —— 王爾德暱稱他為波西 —— 地點在王爾德家中。那一年，王爾德三十七歲，結婚生子，事業順利，處在人生的高峰。波西二十一歲，在牛津讀書，是一個文學愛好者，喜好詩歌。初次見面，無甚異常，幾天後，兩人第二次見面，這一次，王爾德被波西吸引了。漸漸地，吸引變成了迷戀，王爾德時常邀請波西一起吃午餐、晚餐，兩人之間的聯絡，信、便條、電報也愈加頻繁起來。

　　與波西相處的前兩年，王爾德對波西極盡寵愛。他經常花錢買禮物給波西，承擔他的娛樂花銷，與此同時，他拋棄了妻子和兩個孩子，全心投入到暴風雨般激烈的愛情中。波西的出現，對王爾德的人生來說是甜蜜，也是災難。當然，

這一災難不只來自人為，和當時的社會環境有莫大關係。

英國維多利亞時期，道德規範非常嚴苛，性成為禁忌話題，人的本性受到壓抑。有壓迫的地方就有反抗，壓迫越嚴重，反叛就越強烈。其中一個反叛出口便是同性戀活動隱蔽地活躍，在上流社會，喜好男色的風氣更甚。在波西之前，王爾德有過不同的同性戀夥伴，陪伴他終生的朋友羅伯特‧羅斯（Robbie Ross）是第一個，對此，王爾德夫人有所察覺，為了維護家族名聲，從來沒有聲張。波西是人群中出眾耀眼的一個人，但是王爾德並沒有想到，他和波西的關係會鬧到上庭、坐牢這麼大。

和波西交往四年，波西的父親昆斯伯里侯爵（John Douglas, 9th Marquess of Queensberry）獲悉二人的不正常關係，之後多次出面干涉，嘗試逼迫二人分手，包括在王爾德的戲劇上演時送去了紅蘿蔔和甘蔗，以示侮辱。有一次，昆斯伯里侯爵留下了一張卡片，寫著「致王爾德，那個裝模作樣的雞姦者」。面對父親的干涉和侮辱，波西變得憤怒無比，他慫恿王爾德提出起訴，狀告侯爵敗壞王爾德的名譽。王爾德起訴了，可惜他狀告失敗，反而被昆斯伯里侯爵反告，最後，王爾德因「與其他男性發生有傷風化的行為」被判兩年苦役，身敗名裂。

身陷囹圄之後，王爾德依然視波西為「甜美的玫瑰」、

「精緻的花朵」、「百合中的百合」，慢慢地，他醒悟到這種至美的花朵將成為他一生的劫難，可惜情難自制。王爾德服了兩年苦役，期間波西消失無蹤。出獄後，名聲敗壞的王爾德失去了倫敦的朋友，在夫人和波西之間，王爾德再次選擇波西，這下他徹底眾叛親離了。復合後，王爾德化名住到了巴黎，並且和波西去義大利旅行過一次，之後便沒有下文了，復合只持續了三個月，波西徹底離開了他，兩人徹底分道揚鑣。去世之前，王爾德窮困潦倒，貧病交加，困窘到在大街上拉著熟人要錢的地步。

事情發展到這一步，完全出乎王爾德的預料。坐監期間，他認真回想了整個過程，醒悟到自己被捲入到波西與昆斯伯里侯爵的父子之爭，成了波西和他父親鬥氣的發洩對象。在寫給波西的信中，王爾德像一個滿腹哀怨的小婦人，跟波西算計情感來往，算計金錢花銷。

說起來，波西成長的家庭頗具特色。父親昆斯伯里侯爵是一個易怒的男人，喜歡拳擊、女人和馬，動怒時喜歡威脅說「用馬鞭狠狠地抽你一頓」。和父親的暴虐相比，波西的母親對他縱容、嬌慣。通常來說，看一個家庭中的父母個性便可大致了解家庭成員之間的互動模式，進而猜測孩子的性格形成。在專制的教養方式下，孩子會出現情緒不穩定，表現出情緒和行為上的反抗（直接的或間接的），驕縱寵溺則

會養成任性、幼稚和神經質的性格。波西算是這兩種極端情況的結合體。

由於缺失正常的父愛，波西內心缺乏安全感，他給周圍人的印象始終是驕傲自負、傲慢無禮且大肆揮霍金錢，對愛的要求便是被愛。王爾德傾心於波西，但二人的相處並不順暢，波西像一個脆弱的孩子，時刻需要關心和愛，他們之間的相處模式頗似嬌弱小媳婦對傲慢太子爺的寵愛，百般退讓，小心呵護。

後來，昆斯伯里侯爵的干涉觸發了波西的反叛心理，波西不願意父親干涉他的私生活，更不願意忍受父親施加給他的侮辱，與王爾德的關係成為他們父子矛盾爆發的導火線，在回覆昆斯伯里侯爵的信件時，波西表現出前所未有的強硬態度。

悲劇的是，波西討厭他的父親，卻養成了類似昆斯伯里侯爵的性格。人格的形成有先天遺傳的基礎，同時受到後天影響，即對養育者的模仿和對周圍環境做出的回饋。「榜樣」的力量是可怕的。如果一個家庭中以暴力作為溝通的模式，所有孩子便只學會「暴力」一種語言，除了用強硬、粗暴，他們不會其他的交往方式 —— 並非不懂，而是沒有機會學習。

波西的情緒反覆無常、暴躁、出言不遜，這些性格弱點

和他父親如出一轍。他討厭父親，從王爾德身上尋求安全感，關係最密切時期，他非常依賴王爾德，把他視為無所不能的人，這也是他膽敢忤逆昆斯伯里侯爵的原因。

可是他同樣有著身為貴族的驕傲和虛榮心，在王爾德身陷牢獄後，波西迅速與他撇清關係。情感上，波西無法接受崇拜對象變得聲名狼藉這一事實，或者說，當王爾德不再擁有名聲和地位，便失去了做他偶像的資格。「你像尊偶像，沒了底座就沒意思了。」波西在寫給王爾德的信中如是說。二人復合後，波西無法忍受他人指指點點的生活，最終離王爾德而去。

話說回來，王爾德何故為了一個少年傾家蕩產賠上名聲？除了時間的不湊巧和事物發展的偶然性，其中不乏必然的因素。首先波西是一個俊美少年，擁有「一笑傾城，二笑傾國，三笑傾我心」的魅力，更重要的是，他激發了王爾德不顧一切的激情。他的唯美主義主張不就是顛覆平庸的生活嗎？他選擇真誠面對自己，真誠面對藝術，不惜以置之死地而殉道，勇氣則來自波西的愛情。

道林格雷的畫像

　　1890 年，王爾德創作了小說《道林格雷的畫像》（*The Picture of Dorian Gray*），這是他一生創作中唯一的長篇小說，也是唯美主義的代表作。小說於 1890 年 6 月首次出版，隨即招來惡評。由於小說中充滿享樂主義的道德觀和同性戀傾向，倫敦的報紙評價它是「不潔的」、「有害的」、「骯髒」、「令人作嘔」、「散發著嚴重道德和靈魂的腐化物臭氣」。五年後，這本書成了審判王爾德「同性戀行為」的證據，《道林格雷的畫像》成了「同性戀書籍」。

　　從今日角度看歷史，顯得很是滑稽。一百多年過去，王爾德被定義為放浪形骸的藝術家，為藝術獻身的勇士，《道林格雷的畫像》則是他對「藝術至上」理論的實踐，而大英帝國，因保守的道德訓誡迫害無數同性戀藝術家、科學家的維多利亞時代早已成為過去。

　　《道林格雷的畫像》講了一個簡單的故事。小說中有三位主角，亨利·沃頓勳爵（Henry Wotton）是一個玩世不恭、滿口狂言、講究及時行樂的貴族，巴茲爾·霍爾沃德（Basil Hallward）是一位善良而痴心的畫家，二人是牛津的同窗好

友，道林・格雷（Dorian Gray）則是一位繼承了祖父遺產的美少年。一天，巴茲爾與亨利閒聊，說起他近日結識的道林・格雷，被他驚人的美貌所吸引，準備為他畫一幅畫像。

巴茲爾為道林畫了一幅逼真的畫像，道林初次意識到自己的美貌，同時產生了對美貌消失殆盡的恐懼。他希望那幅神似自己的畫像能代替他衰老，而他本人則永保青春。如同浮士德與魔鬼的交易一般，道林和那幅畫做了一個交易，沒想到，這個將靈魂賣給魔鬼的誓言一點點地應驗著。

亨利對這位傳說中的美少年產生了興趣，卻遭到了巴茲爾的警告，巴茲爾不希望亨利那套缺乏道德感的享樂思想毒害純潔善良的道林。可是，亨利的奇談怪論既有說服力，又很誘人，道林很快就著迷了。在亨利引導下，他學會了吸菸、喝酒、逛妓院，拋棄委身於他的女友，無情地傷害他人……漸漸地，他變得冷酷、殘忍，骯髒墮落，丟掉了自己的善良本性。

道林徹底放開了自己，過起了放縱、靡爛的生活。他的許願讓他成功逃過了歲月這把「殺豬刀」，時間沒有在他身上留下任何痕跡，過去許多年，他永遠那麼光鮮亮麗，帥氣逼人。相反地，那幅畫像卻日漸醜陋和衰老，他每做一件殘酷、不道德的事，畫像就會醜陋一分。不忍見到這般醜陋不堪的自己，道林乾脆把畫像藏到了閣樓裡。

　　後來，道林決心毀掉那幅畫。只要證明他邪惡本質的證據遭到毀滅，他便徹底自由，永保青春。當他拿出刀子，對準畫像刺下去時，倒在血泊中的卻是他自己。更恐怖的是，他死去時的樣子完全不是光鮮亮麗美少年，而是一個面目可憎的老翁。

　　《哈姆雷特》裡有句臺詞：「有如為憂傷畫的肖像，一張沒有心靈的面孔」，這是對道林・格雷的準確定義，亨利勳爵亦評價過道林，說他是「沒有頭腦的美麗的生物」。小說以道林為中心，亨利和巴茲爾則是站在他左右兩邊的牽引力量，道林像一個「美則美矣，沒有靈魂」的花瓶，他的下場遭遇取決於亨利和巴茲爾的「較量」結果。

　　巴茲爾是一個讚美美、追求美的畫家，他用藝術家的視角看待道林，希望他能保持純潔和善良，留下最純粹的美感；亨利則是世故、功利主義、享樂主義的代表，他以循循善誘對待巴茲爾的諄諄教誨，一次次左右道林的選擇。道林在經歷精神與身體的論戰，高尚與墮落的碰撞後，從單純美好的少年墮落為世故、汙穢、縱情享樂的花花公子，最終毀掉他的愛人、朋友，還有他自己。

　　從心理學角度分析，巴茲爾、道林和亨利三個人的交戰，可以看作王爾德的內心世界反映，他曾說過：「巴茲爾是我心目中自己的形象，道林是我期望中的形象，亨利勳爵

是世人眼中我的形象。」 這個解讀和佛洛伊德的自我、本我、超我理論頗有異曲同工之妙。用精神分析理論來看,巴茲爾、道林和亨利三個人分別構成了王爾德的超我、自我和本我,是他人格的三個重要組成部分。

要說明一下,佛洛伊德的理論誕生要比王爾德創作《道林格雷的畫像》晚很多年,用精神分析理論分析作品是合適的,但是王爾德並未受到佛洛伊德的半點影響。根據佛洛伊德的理論,人格結構包括本我、自我、超我三個部分。本我代表的是原始的慾望、衝動和生命力,如食慾、性慾,這些慾望的表達遵從「快樂原則」,以獲得快樂、避免痛苦為原則,不理會社會道德和行為規範,在小說中,亨利勳爵便是王爾德的本我的最佳代表。

超我是人格結構中的理想部分,它是在道德規範和社會價值觀培養下形成的,要求自我按照社會可以接受的方式滿足本我,同時,超我還監督和管束本我的衝動,以「道德原則」為準繩,追求完美。它與本我一定是無意識的。王爾德的「超我」是巴茲爾。

道林是自我的代表,他負責執行思考、感覺和意識行動,但這些意識行動並非來自他的獨立思考,而是對超我、本我的平衡。小說中,巴茲爾一直在扮演道林的道德準繩,給他規勸和建議,希望把他從墮落的生活中拉出來,但是巴

茲爾不如亨利勳爵來得強大，道林最終被亨利勳爵引導得走入了離經叛道的道路，以「快樂原則」實踐生活。從王爾德的角度看，這也是他追求美麗、藝術的理想對紙醉金迷的上流生活的投降。

如王爾德藉亨利之口所說，「在存在過的每一件精美事物的背後都有著某種悲慘的東西，最卑微的花朵在飽受苦難之後終於開放……」，這是王爾德的觀點之一，他認為美只能存在於悲劇之中，悲劇是美的內涵，也是美的靈魂。《道林格雷的畫像》極致地表達了王爾德唯美主義主張，雖然遭到諸多批評，他依然被認定是英國唯美主義的先鋒。

王爾德「叫」得最大聲，引來了廣泛的社會反響，以至於後世人提到「唯美主義」便想到他。實際上，王爾德並非第一個提出唯美主義的人。唯美主義的哲學基礎在康德、歌德和柯勒律治也提出過類似唯美主義的主張，王爾德的「唯美主義」受牛津大學的教授約翰‧羅斯金（John Ruskin）和華特‧佩特（Walter Horatio Pater）影響較大，認為藝術和道德、政治層面的東西無關，應該擺脫道德束縛和社會限制。如他在《道林格雷的畫像》序言中所說：「書沒有道德與不道德之分，只有寫得好和寫得差的分別。」這種觀點放在今日沒有什麼特別，在維多利亞時代卻顯得非常另類。那個時代，藝術作品肩負淨化靈魂、教人棄惡從善的道德責任。

小說中，王爾德藉亨利勳爵之口唾棄了維多利亞時代的文藝觀。亨利勳爵是一個出入上流社會，滿嘴胡話、任意胡為的花花公子。作為王爾德的分身和代言人，他不相信愛情，也不相信婚姻，亦不是傳統道德的遵從者，他宣揚人應該追求美和短暫的青春，不要讓稍縱即逝的生命被倫理道德束縛住。

可是，他又不是一個立場堅定的反叛者。不相信婚姻，他卻用謊言小心維持他的體面婚姻，誇誇其談，滿口「反動」言論，實際上，他沒有做過任何有違上流社會道德規範的事情。看似強大，實則軟弱，這是亨利勳爵，也是王爾德的自我表露。

三個人物中，亨利勳爵無疑是最貼近王爾德本人的。他一生宣導唯美主義，卻沒有徹底地執行他的理論，他宣揚藝術高於生活，蔑視道德和習俗，卻裝扮體面地出現在上流社會的舞會上。他本人就是在本我、自我、超我交戰中矛盾的人，他在小說中揭示人類心理的複雜，同時揭示他個人的複雜與矛盾，誠如他的預見，「每個人都在道林格雷的身上看到自己的罪惡」。

進入二十世紀，《道林格雷的畫像》不再是一部道德敗壞的小說，而是有著強烈美感，帶有心理分析特質的唯美之作，這部小說被多次改編為電影和舞臺劇。諸多版本的電影

中，1945 年的版本過分晦澀了一些，1976 年 BBC 根據舞臺劇拍攝的電影最具有原著的神髓。2009 年由柯林‧佛斯和班‧巴恩斯主演的版本可謂演員陣容強大，而且畫面唯美、服飾精良，敗筆在於把原著改編得不倫不類，編劇未得到王爾德的「真傳」，亦缺乏獨創的新意。不過，如果想要一睹有史以來最高顏值的道林‧格雷，不妨在看完原著之後隨性看一看。

自戀是一種疾病

　　試問，今天的社群網路上最流行什麼？當然是自拍。據調查，全球每天產生九千多萬張自拍照，每年線上分享的自拍照則有八千多億張，電影明星、商界大老甚至政治人物都加入到「自拍」狂潮之中。2013 年，牛津詞典評選年度熱詞，selfie（自拍）毫無懸念當選，這個字的使用頻率在一年之內增加了一百七十倍。

　　實際上，自拍並非始自二十一世紀，早在 1839 年，美國攝影師羅伯特·科尼利厄斯（Robert Cornelius）就拍出了自拍照，那個年代，照相機還是前衛產品，故自拍照沒能在普通人之間流行。到了十九世紀末，柯達公司推出「盒子布朗尼」相機，這款相機價格低廉、操作簡便，讓普通人也能夠把攝影當作個人樂趣，攝影在全球旅行起來，自拍照也從那時開始流傳 —— 歷代畫家的自畫像都是「自拍」的一種，只不過他們的自拍是全球限量版，而且對技術要求特別高。

　　回到四十多年前，在自拍桿剛剛發明的 1983 年，人類還不適應自拍，認為手持自拍桿（當時它叫「可擴展桿」）在公共場合拍照讓人顯得很傻，很瘋狂，讓人覺得尷尬，四十

多年過去，世界遍地都是傻子和瘋子，他們樂此不疲，才不會覺得尷尬。自拍已經成為見慣不怪的日常行為。

到了人人手持一部「照相機」的時代（不到十年的時間），攝影變得觸手可及時，自拍變得方便，也變得氾濫。智慧型手機成為生活的一部分，自拍亦成為日常的重要組成部分。在 FB、IG、X 等社群網站上，自拍圖片占據內容的大部分。

自拍和社群網路上的貼圖功能原本是用來拉近親友的距離，建立網路人際關係，現在已經發展到了不可控制的境地，自拍變成了人們塑造自我、展現自我的途徑。有人為了吸引目光，以各種怪異的姿態自拍，如用透明膠布把自己綁成肢體扭曲的怪模樣，也有人爬到懸崖、高樓邊緣或高塔上去捕捉驚險的自拍鏡頭，甚至有人喜歡拍攝自己的裸照並上傳網路。

技術快速發展，可是人的道德進化跟不上科技的步伐，科技占據了主導地位，控制了人的生活，導致問題迭生。據新聞報導，一位來自英國的十九歲男子因為拍不出一張完美的照片選擇了自殺，幸好他母親發現及時，沒有釀成大禍，不過，醫生診斷他患上了強迫症和「身體臆形症」（body dysmorphic disorder, BDD）。青少年正處於對自己的長相、身體異常敏感的年齡階段，對自我沒有信心，渴望受到他人的

肯定，沉溺自拍將其導入歧途。

　　從文藝復興時，一波又一波的文化運動都在強調「人」的地位，肯定人的價值和尊嚴，賦予人作為人的權利。後工業時代，人徹底成了人，甚至膨脹為「大」人。科技革命以人為本，結果「我」成為絕對的主角，看看社群網站的圖片便可知曉：這是「我」的臉，這是「我」的腿，這是「我」昨天晚上吃的宵夜……今天的人比任何一個時代都樂於討論自己，欣賞自己。

　　自拍等於自戀？是的。自拍上癮背後是「自戀情結」作祟。美國一項調查顯示，從 1980 年代開始，自戀人格特質的成長速度超過了肥胖的成長趨勢，將自戀定義為一種「流行疾病」並不為過，因為它正像一種「影響了數量超乎尋常的人口」的流行病，以最大範圍、最快速度侵襲全球。

　　所謂自戀，就是自我陶醉，它和「自尊」、「自愛」等概念有重疊之處，但又不盡相同。每個人多多少少都有自戀傾向，誰人不喜歡聽恭維自己的話，誰人不期望得到他人的讚美，這都和自戀相關。但是一個人總是覺得自己是最美麗的，最有本事的，最傑出的，久而久之，自我催眠，難保會自我膨脹，感覺自己真的變成了世界上最優秀、最特別的一個了。

　　「自戀」和「自我崇拜」容易讓人脫離現實，進入自我幻想出來的奇幻之境。為了維持「富人」形象，買下付不起

貸款的消費品；不願意失掉「美麗」的頭銜，人工整形，在身體上開刀動土；路人甲都希望能成為名人，於是真人秀節目大行其道……如今的研究者已經把「自戀」與「自戀型人格障礙」（narcissistic personality disorder, NPD）區分開，網路社會的自戀不同於病態性的自戀，不是人格障礙，而是一種行為方式。

在大勢所趨下，心理學家加入自拍行列，同時開始研究自拍、自戀的嘗試。自拍以及在網路上晒自拍照是自我表達的一種獨特方式，也是透過他者進行自我塑造的一個途徑。自戀者把自己放入相框，想像自己正被朋友關注著，把照片放上社群網路，即刻便獲得他人的按讚和評價，「嗯，不錯，多麼棒的自我肯定！」

自戀者如此自我催眠著，不在乎自拍時對他人造成的影響，不在乎對旅遊景點的褻瀆和破壞，甚至不考慮自拍可能帶來的危險。此外，自戀的人會研究他人的自拍照，從而提升自己的自拍技能，同時，他們非常在意別人對自己照片的評價。

自戀讓人們越來越強調物質、財富、外貌和名人崇拜，也讓人陷入瘋狂。人類究竟自戀到何種程度了呢？據報導，國外已經有提供狗仔隊服務的公司。任何想扮演大明星的路人甲都會成為他們的客戶。公司會為路人甲提供經紀人、貼

身保鏢、保母車，每到一處便有瘋狂的粉絲瘋狂追逐，索要簽名，如果需要，公司還會安排路人甲拍攝時尚大片，登上名人雜誌 —— 當然，這一切都是要收費的。

英國哲學家西蒙·布萊克本（Simon Walter Blackburn）說過：「善待你的自戀，但是別過了。」如果自戀變成了自戀型人格障礙，問題就不是在 IG 用自拍照洗版那麼簡單了。處於病態的自戀者有一套以自我為中心的看世界的方法和處理人際關係的方式，本人不自知，但是周圍人很容易感受到「自戀」帶來的能量波，並對其產生厭惡之感。

自戀者有一些共同的特徵，比如：他們難以忍受羞恥感。自戀者看似「厚臉皮」、「不要臉」，說話兩句半，重點全在自己身上，別人的嘲弄、挖苦對「自戀」不會構成威脅。那不過是假象。自戀者表面無所謂，背後卻藏著否定、冷漠、責備和憤怒，由於無法透過自身調節外界環境與內心的不平衡，自戀者最終將錯誤歸咎於他人，習慣性地指責他人說：「這一切都是你的錯！」

自戀者有一種不合時宜的優越感。由於始終認為自己是最特別的，他們渴望得到他人的贊同，期待身邊人對自己談論的內容感興趣，在人群中談話，他們覺得自己滿腹經綸、富有魅力，而且極具權威，至於其他人，全部是粗俗無聊且缺乏教養。

　　人際交往本是一個表達、傾聽互動的過程，自戀者卻只關心自己表達的權利，不承擔傾聽、理解的義務，把他人視為自己的所屬物，自己的一部分，故自戀者在人際關係中表現得自私自利，缺乏良心。通常情況下，自戀者不顧他人感受地利用他人，一旦被利用者做出反抗，自戀者便表現出憤怒和攻擊。

　　這種相處模式表現在「一頭熱」的朋友關係中，一方盛氣凌人，另一方委曲求全；一方長期索取，另一方長期付出。友情也好，愛情也好，通常這種模式的關係都無法長久。

　　在自私、優越、傲慢的表象之下，自戀者有一顆易碎的玻璃心。自戀者認為自己比別人聰明、優秀、富有魅力，但他們的內心潛伏著不安全感，如無法體諒他人，不尊重他人，容易做出衝動行為。參與競爭是自戀者獲得優越感的方式，比如晒出比別人更有創意、更完美的自拍照。表面看起來驕橫傲慢，實則是空虛的花架子，一旦自尊心被戳，自戀者為了保護自己遠離羞恥感，便會用貶低他人的方式抬高自己，維持失衡的自尊。

　　自戀者不乏成功人士，商界、政界和軍事領域的一些菁英分子也是自戀狂，他們渴望獲得他人的崇拜和仰慕，外在的成功光輝能夠掩蓋他們對他人認可的渴求，這一點，藝術家身上表現得最為顯著。

　　不管怎麼說，任何人都需要承認，這是一個視覺先行的時代，這是一個讀圖的時代，身體視覺化，人們放棄文字，放棄音符，放棄深刻的思考和縝密的思辨，用最原始的感官 —— 眼睛，去讀全世界。人們依賴眼睛獲得審美，享受畫面帶來的新鮮感和刺激感，挖空心思去看想看的，絞盡腦汁吸引他人來看自己 —— 和閱讀、欣賞王爾德的文字相比，人們更願意去網路上搜索王爾德的照片，瞧瞧波西的俏模樣。

　　今天的人們比王爾德瘋狂不止幾百倍。十九世紀的衛道人士把王爾德當作離經叛道的瘋子，讓他們穿越到二十一世紀，路人甲的日常足以顛覆他們的三觀。人們一邊為膨脹的虛榮心感慨，一邊用修圖軟體把自己的大頭照掛在艾菲爾鐵塔上。世界如此虛偽，人類如此瘋狂，竟然有無數人痴迷其中，不願自拔。可惜的是，和王爾德的「自戀」相比，二十一世紀的「自戀」只限於無休止的自我關注和自我放大，毫無深度和內涵，更不用說持久的美感。

第四章

或者瘦，或者死 —— 凱倫·卡本特

脆弱而美好的昨日

　　作為美國音樂組合「木匠兄妹」的經典曲目，〈昨日重現〉（*Yesterday Once More*）自誕生之日起就感動了一代年輕人，五十多年來它歷久彌新，被人們一聽再聽，反覆回味。

Every Sha-la-la-la

Every Wo-o-wo-o

Still shines

Every shing-a-ling-a-ling

That they're startin' to sing's

So fine

　　每當響起這個旋律，凱倫‧卡本特（Karen Carpenter）親切自然、略帶傷感的音色總會將人帶回 1970 年代的曼妙氣氛裡。

　　〈昨日重現〉是木匠兄妹傳唱度最高的作品，但並不是最具影響力的作品。在木匠兄妹眾多經典曲目中，如〈靠近你〉（*Close To You*）、〈歌唱〉（*Sing*）、〈甜蜜的微笑〉（*Sweet Sweet Smile*）、〈什錦燴飯〉（*Jambalaya*），真正屬於木匠兄妹的代表作是〈我們才剛開始〉（*We've Only Just Begun*），

這首歌發行後便成為美國人舉辦婚禮時必放的音樂，甚至有人說，沒有〈我們才剛開始〉的婚禮是不完整的。

木匠兄妹於 1970 年代出道，活躍期的十多年裡，他們陸續發表多首優秀的音樂作品，在美國國內大受歡迎，在國際上也享有盛譽。對歌迷來說，有著獨特嗓音的凱倫‧卡本特更是獨一無二、無人能取代的存在。樂評人如此評價凱倫：「她有一種迷人而充滿矛盾的嗓音，用老成的智慧融合青春；用大量的熱情冷卻完美。」

在成為大明星之前，木匠兄妹只是純粹喜愛音樂的美國青年。他們的父親哈羅德‧卡本特（Harold Carpenter）出生在中國，母親安妮絲（Agnes Reuwer Tatum）出生在巴爾的摩，兩人戀愛四年後，於 1935 年結婚。1950 年 3 月 2 日，凱倫‧卡本特出生，此時哥哥理查三歲過半。

哈羅德喜歡收集唱片，愛好旋律美妙的音樂，對樂團和古典音樂亦有偏好，哈羅德的音樂素養直接影響了理查，他自小便開始收聽收音機，學習手風琴，從十二歲起，理查開始學鋼琴，到了十五歲，他已經是一位鋼琴家了。凱倫跟著哥哥學習，逐漸愛上了音樂，哥哥喜歡鋼琴，她在聽了一系列節奏獨特的唱片後喜歡上了鼓樂器。兄妹倆對音樂的興趣得到了父母的支持，凱倫曾經收到過作為聖誕禮物的一套鼓。平日裡，凱倫常和哥哥一起練習，幾年後，凱倫的鼓技

和理查的琴藝都有驚人的進步。

卡本特一家後來搬到洛杉磯，理查進入南加州大學學習音樂。1965 年，兄妹倆和一位玩貝斯的朋友組成了一支爵士樂團，並且在一次樂隊比賽中拿到了冠軍。由於理查想要組成一個讓他和凱倫一展歌喉的團體，這支樂隊很快解散。後來，他們又和另外四個朋友組成了「Spectrum」合唱團，凱倫負責打擊樂器和主唱，理查負責鍵盤樂器，「Spectrum」合唱團到加州各地演出，演唱一些軟搖滾風格的音樂，但是受眾寥寥，另外四位成員先後離開，合唱團只剩下凱倫和理查。

在接觸多音軌錄音技術後，理查終於找到了一直追尋的和聲效果，他在朋友的錄音室裡錄下了一卷 demo 帶，開始尋求唱片公司的支持。一連找了許多家唱片公司，理查都吃了閉門羹，一年後，A&M 唱片公司給了他們簽約的機會，「木匠兄妹」（Carpenters）組合由此誕生。

1970 年 6 月，木匠兄妹推出單曲〈靠近你〉和同名專輯，這首歌很快進入排行榜，在一個多月後登上了冠軍寶座，蟬聯四周。這首歌讓木匠兄妹在 1971 年春天拿到了「年度最佳新進藝人」和「年度最佳流行合唱團體」兩項葛萊美大獎。不久之後，他們為電影《愛情遊戲》（*Lovers and Others Strangers*）演唱的主題曲〈我們如此了解〉（*For All We*

Know）獲得了奧斯卡金像獎「最佳電影歌曲」，雖然榮譽歸屬於詞曲作者，他們也沾邊分享了這份榮耀。

迅速走紅後，凱倫的聲音征服了歌迷，被認為是當時流行音樂裡擁有最佳表現力的歌手。起初，一些樂評家對木匠兄妹並不友善，批評他們的唱片說「根本沒有發行的價值」，好在歌迷完全不在意評論家的說法，在整個 1970 年代，木匠兄妹是美國最受歡迎的音樂團體，也是國際市場上最賺錢的美國藝人。

隨著凱倫展露出個人特色，理查逐漸退居幕後，負責作曲、伴奏與和聲。接下來，木匠兄妹進入忙碌而緊張的走紅時期，他們一邊趕著發專輯，一邊頻繁在電視上亮相。得益於多音軌錄音技術，他們可以在錄音室裡創造出多人和聲，製造堪稱完美的和聲效果。依賴和聲的弊端是他們沒辦法在演唱會上表現出錄音帶裡的效果，所以他們很少開演唱會，而是把時間放在歐美、日本各地的宣傳和演出上。

不管是出道時推出的冠軍曲目〈靠近你〉，還是第四張專輯中的〈世界之巔〉（*Top Of The World*），木匠兄妹的音樂一直以純潔、抒情為主題，在他們的音樂裡，找不到色情、暴力和放縱。凱倫本人在生活上非常嚴肅，她從不喝酒，也不會喝濃烈的飲料，冰紅茶是她能接受的極限。從藝多年，凱倫亦沒有做過吸毒、打針、放縱自我等瘋狂的事。

　　凱倫的嚴於律己和她的家庭環境有著莫大關係。凱倫成長於一個家教嚴格的家庭中，凱倫的父母是有教養的體面人士，但是有著強大的控制力，他們不僅控制她的童年時代，連她在出道後的演藝生活也橫插一腳。在演藝生涯的早期，凱倫的母親一直扮演「監管」的角色，她會大半夜打電話給凱倫兄妹，責罵他們對歌迷的怠慢。凱倫多年生活在這樣的氣氛之下，卻不懂得如何反抗 —— 厭食症患者的一個共同點便是都有霸道、強勢的父母。

　　歌迷們喜歡凱倫無懈可擊的歌喉，但也關注她的長相，像所有愛美的年輕女孩一樣，經常在電視上曝光的凱倫開始敏感於外界對她的評價。她有一副豐腴的身材，這讓她非常緊張，她時常為自己在螢幕上不夠漂亮的樣子感到不安。

　　1973 年，總統尼克森邀請木匠兄妹到白宮演唱，在介紹他們時，尼克森稱他們為「當代美國年輕人的表率」，凱倫去世後，許多人懷疑尼克森這句話是否令她壓力山大，不得不一直強迫自己，以符合總統的誇讚。

　　世界各地來回奔波，凱倫的身體很快表現出病態症狀，到了 1974 年，旅途勞累、過重的工作壓力，讓凱倫的體重降到了四十公斤，以至於她不得不暫停一切工作，回到家裡靜養。更關鍵的問題是，她為了保持苗條的身材，在減肥方面無所不用其極，她服用瀉藥，用盡辦法催吐，在飲食上更是

小心翼翼，長此以往，讓她變得從潛意識裡排斥食物，這是厭食症的開始。

坦率地說，凱倫並不是天生的美人坏子，出道之後，也很少有評論文章會稱讚她的相貌，上天沒有賜予她一張精緻的面龐，卻給了她獨一無二的嗓音。凱倫的聲音情誼深厚，以柔克剛，帶有穿透力，她不用浮誇的舞臺表演和嘩眾取寵的裝扮取悅歌迷，完全憑藉嗓音征服聽眾。對此，她似乎並不滿意。凱倫不能接受身體上的一點脂肪，她更不願意接受年華老去的事實，她用減肥的方法時刻提醒自己要保持苗條的身材。

關於凱倫和她的神經性厭食症，多年來遭受他人詬病，尤其是那些批評木匠兄妹組合的人，樂於拿凱倫的厭食症做文章。不客氣地說，凱倫是一個追求完美的女性，同時也是一個有著強烈虛榮心的明星。

在生命盡頭之前，凱倫的不幸婚姻無疑是壓倒她的最後一根稻草。1980 年，凱倫和房地產商人湯瑪斯‧伯里斯（Thomas James Burris）結婚，此時她已經被厭食症折磨了九年。結婚之際，凱倫的生命裡出現了許多變化，把湯瑪斯‧伯里斯當成了白馬王子的凱倫一心憧憬著幸福的婚姻生活，她放棄了製作個人專輯的計畫，和鬧翻的理查和解。

1982 年，一切都變了，她無法與自己的體重和解，也沒

辦法和伯里斯繼續生活下去，這段婚姻只維持了十四個月。離婚的原因只有當事人知道，凱倫的閨蜜卡蒙（Karen Kamon）指出，伯里斯根本是一個窮光蛋，婚前買不起戒指，婚後也買不起車子和房子；也有說法是凱倫想要孩子，但伯里斯已做過結紮手術，甚至嘲諷凱倫形銷骨立的消瘦模樣。

1982 年，凱倫花費一年的時間接受治療，她的體重恢復到接近正常數字，不過，危機隱藏在不可見之處。婚姻的失敗、唱片銷量下降和看不到盡頭的厭食症治療，最糟糕的事情集中壓在凱倫瘦弱的臂膀上，令她不堪重負。

而且，當時的厭食症治療尚未注意到，厭食症患者在接受治療時，臟器功能會隨著體重的增減發生變化，體重的恢復意味著心臟需要承受更多的負荷，如果負荷不能，其後果是難以想像的，凱倫最終於 1983 年 2 月 4 日因為心臟衰竭去世。

自古滿腹才華又英年早逝者總會成為傳奇，好萊塢明星如瑪麗蓮‧夢露、希斯‧萊傑，華人明星如李小龍、黃家駒，生前是耀眼的明星，死後成為不朽的傳奇，凱倫‧卡本特也是眾多明星中獨具光芒的一顆。從出道到去世，木匠兄妹在歌壇活躍了十餘年，兩人推出了四十一張唱片，銷量超過八千萬張，獲得三座葛萊美大獎。凱倫的去世結束了一段輝煌的音樂故事，也結束了木匠兄妹這一組合的歌壇命運。

時過境遷，凱倫已經去世四十多年，短暫的音樂人生，如她的墓碑上刻著的文字：A Star on Earth, A Star in Heaven（塵世之星，天國之星），但是她的音樂已然被傳唱久遠，經典的旋律，完美的嗓音，在任何年代都能夠感動年輕人的心。

壓抑順從型乖乖女

　　亂世饑荒餓死人，太平盛世依然餓死人，在今天，像凱倫這樣「死於飢餓」的厭食症患者大有人在。厭食症的可怕，有社會的責任，也有個人的責任。所謂性格決定命運，至純至美的性格讓凱倫・卡本特成為萬人追捧的一代巨星，也是這一性格，讓她患上了厭食症，葬送了她的性命。

　　厭食症伴隨卡本特生活十多年，在生命最後兩年，她下決心接受治療，還接受了一個季度的精神心理治療。一段時間內，她的體重有了大幅度的恢復，可惜，她的身體已經吃不消了。去世時，她的體重只有三十多公斤，瘦得如同一架行走的骷髏。

　　厭食症又稱神經性厭食症，造成厭食症的原因包括病態追求苗條的社會現象、減肥產品和廣告的不良宣傳以及個人性格特徵。厭食症研究者認為，越是缺乏個人主見，追求社會認同的人，越容易被社會審美所左右。女性當中，自尊心強、敏感多疑、完美主義性格的人更願意用瘦身的方式獲得社會主流價值的認可。

　　如此一來，厭食症患者並非單純地厭食，而是心理上的

病態。首先，厭食症患者存在認知上的錯誤，即過度關注身材，錯誤地認為自己身體不夠苗條，拋棄理性，病理性地追求骨感美。為了所謂的「完美身材」，患者忍飢挨餓，食不果腹。常見的控制體重的方法即限制進食，吃得很少，在熱量上嚴格計算，堅持體育鍛鍊，甚至是進行過度的能量消耗，極端的方式有濫用瀉藥、減肥藥，進食後嘔吐、催吐等。

厭食症患者起初並不會注意到自己的病態，他們認為自己不過是減肥，時間久了，患者的身體長期處在低血糖狀態，出現精神萎靡不振、行動遲緩、乏力等，即便得知患病，也很難自拔。另一方面，厭食症患者否認病情。很少患者主動尋求醫療幫助，只有在家屬發現其有不正常的消瘦、進食障礙、腹部不適等症狀後，才到醫院就診。

除了軀體層面的症狀，厭食症患者還存在心理方面的問題，如長期憂鬱、情緒不穩定、社交退縮、易激怒、失眠、興趣減退或缺乏、強迫症狀。厭食症患者對腸胃刺激、軀體感受的認知出現失調，患者否認飢餓、否認疲勞，對自身情緒狀態缺乏正確認知，如過度壓抑情緒，不懂得如何表達憤怒。

厭食症的後果非常嚴重，由於攝取食物的減少，使用瀉藥和催吐等方式，患者最開始出現營養不良，情況嚴重後，

113

患者出現代謝紊亂和內分泌紊亂，部分患者會因極度營養不良出現極度消瘦，皮包骨頭、腹部窪陷、形如骷髏等類似腫瘤晚期患者的症狀，絕大部分厭食症患者死於營養不良導致的併發症，如器官衰竭、繼發感染、心臟併發症等，還有一部分人死於自殺。

凱倫患上厭食症，和她的生活環境、個人性格有直接關係。在紙醉金迷的娛樂圈，凱倫純潔如出水青蓮，她是一個極度的完美主義者。在歌唱上，她以真情醇美的音樂和完美無瑕的嗓音征服歌迷，在生活上，她以零叛逆行為表現出她對家庭教育和社會規則的順從，而且，她在行為上非常渴望獲得社會認同 —— 大家以瘦為美，她便讓自己變成骷髏架子。可是，她過分迎合社會主流價值觀，不惜用折磨自己的方式獲得他人的好評，最終導致了自己的悲劇。

一個人的性格形成與父母教養、成長環境有著莫大的關係。傳記資料顯示，凱倫和理查不同程度受到他們的母親的控制，而且，凱倫的日常行為更受家庭結構的限制。即便在最活躍時期，凱倫也像一個強迫症患者一樣，她渴望獲得外界的認可，更渴望得到母親的關愛和讚美，這一驅力演變為她對身體的控制力，影響了她的厭食症。

1987 年，美國獨立電影導演陶德·海恩斯（Todd Haynes）將凱倫的人生故事拍成了電影《超級巨星卡本特》（*Superstar:*

The Karen Carpenter Story），這是海恩斯指導的第二部作品，也是令他獲得更多人注意的影片。海恩斯用佛洛伊德式的精神分析把凱倫的厭食症歸因於她過於強勢的母親和獨裁者一般的理查。這部混雜了尖銳諷刺的心理紀錄片在各大電影節獲得好評，但是因為對理查的負面描寫惹來了麻煩。理查以影片侵權使用「木匠兄妹」十一首歌曲為由提起訴訟，導致這部電影只能在私下裡流傳。

在電影中，海恩斯把凱倫描寫成一個被母親擺布的乖乖女。她的母親非常有眼界，在她和理查童年時便發現了兩個孩子身上的音樂才華，她的母親鼓勵他們，為他們提供走上音樂之路的指引，當凱倫和理查學有所成，這位母親開始為他們安排演出，與唱片公司簽約。

凱倫和理查進入成年，他們對自己的音樂更有想法，這時候，他們的母親依然在扮演「控制者」角色。表面上，她了解凱倫和理查，關心他們的一切，實際上，她用這種了解和關心緊緊控制著這兩個人，在同齡的孩子都開始獨立生活時，木匠兄妹依然住在家裡，和父母一起生活。

母親關注他們的成功，管理和支配他們的生活，甚至插手他們房間的裝飾品，但是忽略孩子的情感需求。她從不祝賀兩個人的成功，而是理所當然地接受兒女得到的一切獎項。理查開始失眠時，母親沒有注意到他承受的心理壓力，

草率地給了他一瓶安眠藥。此後四年，理查一直依靠安眠藥才能睡覺，嚴重時，他一晚上吃掉二十五粒，以至於他雙手顫抖，無法在演出時演奏樂器。後來，理查接受了六個星期的治療，重新擁抱睡眠。同樣承受巨大壓力的凱倫就沒有那麼幸運，凱倫患上厭食症後，向來偏愛哥哥的母親完全沒有發現凱倫的異常。很長時間裡，凱倫對自己略顯豐腴的身體感到不滿，她偷偷服用緩瀉劑，她的母親很久之後才發現這個祕密。

生活在沒有自我的原生家庭裡，凱倫不談戀愛，儘管她夢想談一場轟轟烈烈的戀愛，期待愛情和婚姻，但是她從來沒有實踐過。她的生活裡只有家人，她不和其他人交往，也不懂得如何與人交往，在生活上，她不知道如何叫計程車，進入餐廳無法自在地點餐。朋友評價凱倫說，「她有非常性感的聲音，但她本人完全不性感」。不僅如此，凱倫還不允許理查談戀愛。理查帶女朋友回家，她因為陌生人的闖入心覺不安，和理查大吵一架，還以解散「木匠兄妹」作為威脅。

無法猜測電影中表現的卡本特一家的相處模式是否符合客觀情況，但是電影導演有意或無意地觸及了親子之間互動模式對家庭成員行為方式的影響，比如父母的管教過分嚴屬容易抹殺孩子的個性，讓孩子失去自信，還可能出現情緒不穩定、缺乏主見、過分依賴父母的現象。這一點在凱倫身上

展現得非常明顯，在音樂道路上，凱倫一直扮演理查的追隨者角色。一直以來，凱倫都像小妹妹一樣追隨在理查身後，她的個人想法被淹沒在理查的思想下。

1979 年，出道十年，木匠兄妹接到大量的讚揚、榮譽、證書和獎項，隨著時代的變化，他們的創作進入瓶頸期，兩個人在個人生活上先後遭遇困境。這一年，凱倫二十九歲，她做了生平第一次反叛式的獨立，她想要製作一張個人專輯。

凱倫決定製作個人專輯，理查當然不會同意，他認為凱倫的想法無疑是背叛。凱倫經過幾個月的請求，理查做出了讓步，他同意凱倫製作個人專輯，前提是「不准做迪斯可音樂」——儘管在 1976 年前後，向來喜歡聽情歌的美國人已經開始著迷於迪斯可樂隊。凱倫去了紐約，住進了製作人的家裡，她為新專輯錄音，拍攝不同以往風格的專輯封面，她的改變是各個層面的。

在錄音初期，她看起來很健康，幾個月後，凱倫卻變成了難民身材，瘦得形銷骨立。由於唱片製作超時，凱倫的焦慮症狀更加嚴重，她用光了唱片公司的經費，還貼進去大筆私人款項，結果不盡如人意。

最尖銳的批評聲音來自理查，他把凱倫批評得一無是處。他說專輯中的一些音樂太軟了，曲調太高，對於凱倫偷

用「卡本特」式的和音，理查深表不滿。在外人看來，理查對凱倫的批評未免太刻薄了些，他或許不喜歡那些音樂，但至少應該支持一下自己的妹妹。因為這張個人專輯，兩人之間的關係出現了永遠的裂痕。

這張名為《凱倫‧卡本特》（*Karen Carpenter*）的專輯在發行之前被放棄，凱倫非常痛苦，但她同意了公司的建議，馬上到來的婚禮削弱了她的失落。凱倫去世十三年後，A&M 唱片公司發行了當年只有寥寥幾人聽過的專輯。

製作這張專輯時，唱片公司建議凱倫走性感路線，以重新俘獲歌迷，凱倫一心想改變之前的歌曲風格，對公司的提議非常合作。因此，有人猜測她會在專輯中尖叫著扭動身姿，做一個歌壇舞者，或者在編曲中加入搖滾、迪斯可的元素，從《凱倫‧卡本特》的曲目可以看到凱倫的改變之心，她用文雅、天真的聲音唱著名為〈午後性行為〉（*Making Love in the Afternoon*）、〈幻想是你初次的愛戀〉（*Make Believe It's Your First Time*）等充滿性挑逗的歌曲，曲風上全然不見木匠兄妹時期的空靈與甜蜜。1980 年代的歌迷應該慶幸這張專輯沒有發行，否則他們會徹底失望於凱倫的放棄與改變。

隨之到來的愛情與婚姻讓凱倫接受了唱片公司的建議，忍痛放棄了這張專輯。凱倫重新回到了「木匠兄妹」團隊，

錄製屬於兄妹兩人的專輯，但是終極問題卻沒有得到解決。婚姻的失敗，新專輯的失利，接二連三的打擊，凱倫終於把注意力放在了自己的身體上。這一次，凱倫決定透過住院治療困擾自己多年的神經性厭食症。凱倫接受了靜脈高營養輸入療法，大量營養素不經胃腸被輸入她的體內，結果非常顯著，她的體重在一個星期裡增加超過 4.5 公斤，其結果是她的心臟、肝臟承受了過重的負擔，直接威脅生命。

在〈化裝舞會〉（*This Masquerade*）一曲中，凱倫唱道：

We tried to talk it over, but the words got in the way

We're lost inside this lonely game we play

凱倫如她的歌唱一般，在壓抑和順從的人生遊戲中迷失了自己，她的至純無法反抗她的受困，她的才華不足以應付她的歧途，最終，她沒能逃過一個悲傷的結局。

光環之下的陰影

1983 年 2 月 8 日，家人為凱倫舉辦了葬禮，她穿著玫瑰色的衣服，躺在白色的木質棺材內。那一天，有超過一千名歌迷趕來與凱倫告別，生前一眾好友列在親友席，久不往來的前夫湯瑪斯也參加了葬禮，並把自己的婚戒一同放進棺材裡。

樂隊演奏了凱倫的成名曲〈靠近你〉，在理查的攙扶下，老卡本特夫婦與歌迷泣不成聲。凱倫起初被葬在加州的林茵紀念公園，到 2003 年，凱倫的父母先後去世，理查將凱倫連同他們的父母埋葬在位於加州奧克斯紀念公園的卡本特家族墓園內，那裡距離他們南加州的家更近。

凱倫去世後，無數批評聲音將她的厭食症歸咎於家庭，有人在回憶文章中指責理查在音樂上對凱倫的控制，在生活上，凱倫的母親一直在扮演決策者的角色。心理學研究逐漸證實，對凱倫父母所建立的家庭模式的批評是有道理的。研究顯示，年輕女孩子的節食或過度節食是她們從家庭獲得愛的方式。

厭食症被看作是年輕女人爭奪控制權的戰爭，在這場戰爭裡，凱倫爭取的便是她的聲音和母愛。她要反抗哥哥，在

音樂中表達自己的想法，同時，她還想從哥哥那裡搶走母親的關注。這兩件事看起來那麼困難，於是她把注意力放在了控制體重上 —— 如果她不能控制他人，至少可以控制自己身體的大小。

控制體重最簡單的方法就是不吃。在僱傭私人教練未能獲得令人滿意的體重後，凱倫自行決定自己的進食計畫：不吃。那時候，身邊的人沒人理解凱倫為什麼不吃東西，在她消瘦到虛弱的日子裡，周圍人不斷把食物推到她的面前，在他們看來，治療厭食症最好的方法就是「吃」，但是凱倫做不到。她原本只是想控制生活中一件小事 —— 體重，後來她又在這件事上失控了。

控制飲食讓凱倫看起來非常疲憊，唱片公司的同事看到了她的疲憊，在演出之間的間隙，凱倫會選擇躺下來休息，這是以前的凱倫幾乎沒做過的事情。在出席演出活動或電視節目時，凱倫也表現出疲倦之態，她好像被某種難以負重的勞役耗盡了能量一般，根本是在咬著牙狂歡。對此，凱倫的母親似乎並不擔心，在凱倫就厭食症進行了無數次專業求助後，她的母親說：「我們能照顧自己。我們不需要別人幫助。這是一個家庭問題。」

在父母家裡，凱倫一直承受著一個不願意接受的親情差異：母親更愛理查而不是她。在舞臺上，鎂光燈打在她身

上，因為歌聲的完美，歌迷把更多的愛和掌聲給了她，可是
在感情上，她在母親和哥哥面前卻永遠是低自尊的狀態，母
親從不會誇讚她是一個優秀的歌手，哥哥則以他強大的意志
和控制力左右著她的歌唱。

　　與木匠兄妹共事過的朋友曾說，他們錄製唱片的方式很
有意思，基本上，理查把主要旋律弄出來，凱倫便開始唱。
在錄音室裡，理查像暴君一樣，掌控著一切，包括凱倫。凱
倫對哥哥有著無法用言語表達的崇拜，在她眼中，理查像一
個天才，儘管理查霸道而且脾氣暴躁，凱倫對他言聽計從。
為此，凱倫花更多時間在歌唱方面，她對自己的要求非常嚴
格，希望能達到理查的要求。

　　木匠兄妹大受歡迎，主要因為凱倫出色的嗓音，儘管理
查在幕後付出更多，歌迷能夠直接感受到的是凱倫的表現。
基於此，她也感受到了非常大的壓力，要求自己必須進步。
在接受治療期間，凱倫亦無法擺脫排得滿滿的工作合約，她
期待像錄製音樂專輯一樣，用最短的時間復原。但是她的情
況根本不可能在短時間內復原，而且，1980 年代的醫療水準
不足以支持某種快速見效的療法，通常情況下，厭食症患者
要經歷最少一年，多則三年的治療期。

　　最終，凱倫同意接受治療，她在紐約的一家醫院住了將
近一年的時間，每天接受兩個小時的治療。與逐漸上升的體

重相比，凱倫始終沒能從挫折和悲傷的情緒中走出來。事業的打擊讓她深感痛苦，對於女人來說，一樁婚姻的破滅是致命的。

在凱倫的婚姻問題上，她的母親也表現出殘忍冷酷的一面。湯瑪斯最初以帥氣、富有魅力的形象出現在凱倫的生活裡，儘管他比凱倫大九歲，離過婚，還有一個正處於青春期的兒子，凱倫還是愛上了他。相識兩個月後，凱倫受不住湯瑪斯三番五次的求婚，答應與他共度餘生。在婚禮彩排時，凱倫卻聽到一個爆炸性消息：湯瑪斯早年接受過輸精管結紮手術，他根本沒辦法實現凱倫想要擁有十二個孩子的夢想。

聽到這個消息，凱倫崩潰了。她感覺同時遭受了欺騙和背叛，在漫長的求婚和訂婚期間，湯瑪斯知道建立一個子女繞膝的家庭對凱倫的重要意義，然而他沒有選擇坦誠。凱倫決定取消婚禮，她不能繼續假裝幸福。凱倫打電話回父母家，告訴他們這個不幸的消息，她哭了，並且向母親解釋了她所受到的欺騙，對凱倫來說，她毫無選擇，取消婚禮是唯一的辦法。

可是，這位擁有強大意志力的母親拒絕了她的提議。她認為，凱倫不能做這樣的事，尤其是在婚禮舉行在即的時刻，家族成員和朋友們正從全國各地趕來參加婚禮，凱倫結婚的消息已經透過電視告知了全國的歌迷，屆時記者和攝影

師都會趕到，婚禮勢在必行，已經沒有反悔的餘地了。

凱倫選擇聽從母親的建議，如期嫁給了湯瑪斯。湯瑪斯億萬富翁的形象給卡本特家族優良的印象，沒有人知道，他會在婚後朝凱倫要錢，一次要三萬或者五萬美元，直到凱倫的存款被他耗盡，只剩下股票和債券。財務上的糾紛消磨了這對新婚夫婦的愛情，更重要的，也是導致他們離婚的主要原因，仍然是凱倫想要成為母親的願望，和與湯瑪斯一起生活相比，凱倫對孩子的期待更加強烈。

不能武斷地說，凱倫出生、成長的家庭是一個有問題的環境。每一個家庭都有獨特的結構模式，不同的家庭結構塑造出的孩子的性格也不相同。但不可否認的是，活在母親和兄長的「重壓」之下，低自尊的凱倫養成了嚴於律己、追求完美的性格，她希望憑藉在多方面的努力獲得對個人生活的控制，可惜她走錯了方向。

1982 年 12 月，治療顯露成效的凱倫回到洛杉磯，準備重新開始工作。不管是在工作上還是生活上，凱倫都不是自怨自艾、哀傷度日的人，經過治療，她的體能和意志有所恢復，在朋友和同事面前，她表現出活力四射的一面，她換了新的髮型，準備在第二年春天推出一張新專輯。凱倫對身邊人說，她的人生還很長，還有好多事要做，誰都沒有想到，幾個月後，死亡奪走了她的所有期待。

沒有凱倫的「木匠」

凱倫去世後，理查依然活躍在歌壇上。理查因為「木匠兄妹」聞名世界，在凱倫一邊打鼓、一邊唱歌，逐漸占據閃耀位置時，理查退居幕後，負責作曲、編曲、合音等，〈昨日重現〉、〈世界之巔〉等多首冠軍曲目都是出自理查之手。

除了作曲，將樂器和歌聲巧妙組合起來也是理查的強項，因為製作音樂上的天分和能力，理查被四次提名葛萊美最佳製作人。但是，畢竟凱倫的聲音和演唱才是木匠兄妹組合的靈魂，加之時代轉換，新的音樂形式出現，逐漸占據流行樂壇的主流，屬於木匠兄妹的時代在凱倫去世後徹底成為過去。

在木匠兄妹最走紅的日子裡，由於精神壓力過大，理查患上了失眠，每晚依靠服用安眠藥才能入眠。四年多的時間裡，理查與安眠藥密不可分，以至於藥物成癮，用量越來越多，且無法戒斷。為此，理查消沉了一段日子，後來他取消了一系列的演出，前往醫院接受治療，後來睡眠得以改善。凱倫去世之前，理查已經恢復健康，與凱倫一起為他們的新專輯做準備。

凱倫的去世打斷了一切進入行程的工作，理查負責安排凱倫的葬禮，安撫因痛失女兒而陷入悲痛的父母。凱倫去世八個月後，她的名字被寫在了好萊塢星光大道。理查代替妹妹發表了演講，他說：「這是一個悲傷的一天，同時也是一個非常特別和美麗的一天……我唯一的遺憾的是，凱倫不是在物理意義上與我們分享它，但我知道她永遠活在我們的心中。」

1983 年 10 月，理查以木匠兄妹組合的名義發行了新專輯《心聲》（*Voice Of The Heart*），專輯包含了凱倫在 1982 年錄製，但是沒有正式完工的歌曲。專輯中的單曲〈幻想是你初次的愛戀〉造成了很大的轟動，可惜沒有進入排行榜。這張專輯銷售成績還不錯，尤其在英國。

1989 年，理查擔任傳記電影《凱倫·卡本特的故事》（*The Karen Carpenter Story*）的執行製片，這部戲忠實地描述了凱倫與厭食症對抗的過程。同年，理查發行了專輯《愛情線》（*Lovelines*），其中包括凱倫以前錄製完成但沒來得及發行的歌曲，還有她收錄到個人專輯中的一些歌，如〈如果我有你〉（*If I Had You*）、〈愛情線〉（*Lovelines*）、〈記得當愛花了整夜〉（*Remember When Lovin' Took All Night*）。1994 年，在理查的協助下，雷·科爾曼（Ray Coleman）完成了一本關於木匠兄妹組合的傳記，名為《木匠兄妹：不為人知的

故事》(*The Carpenters: The Untold Story : An Authorized Biography*)。

1987 年，理查發行了他的個人專輯《時間》(*Time*)，這張專輯由理查負責演唱和混音，專輯收錄了一首理查為凱倫創作的歌曲〈當我們只剩下時間〉(*When Time Was All We Had*)。作為一名鋼琴家，理查在他的第二張個人專輯顯示了不俗的鋼琴才能，他將木匠兄妹組合以往大受歡迎的歌曲用鋼琴重新演繹出來，取名《鋼琴家，編曲家，作曲家，指揮家》(*Pianist, Arranger, Composer, Conductor*)，這張專輯發行後，在歌迷中大受歡迎，且得到了樂評家的讚譽。

自 1996 年起，理查開始對以往的歌曲進行重新改編和配樂，比如增強音樂演奏或鼓樂器的部分，之後發行精選集，這些專輯在日本和歐洲市場都有一定的銷量，但是歌迷拿到手裡的已經不是 1970 年代風靡全美的「木匠兄妹」了。木匠兄妹的音樂作品被美國多所大學作為教材，其中包括史丹佛大學，1997 年，理查受邀到史丹佛大學演講。

凱倫去世的十年裡，理查沒有停止音樂活動，只可惜發行的專輯只能讓「死忠粉」興奮，市場反響始終平平。《鋼琴家，編曲家，作曲家，指揮家》這張專輯和其他「木匠兄妹」被重新編輯、包裝的精選集，皆逃不過大受歡迎但是銷售成績不理想的局面。當然，理查毋須為生活發愁，木匠兄

妹組合的音樂版權足以讓他過著衣食無憂的生活。

　　雖然事業再不見第二春發酵，不過理查的個人生活非常美滿幸福。在凱倫去世的第二年，理查與堂妹瑪麗（Mary Carpenter）結婚，婚後育有四個孩子。可惜的是，他無法找到另外一位有著凱倫那樣晶瑩剔透的聲音的合作者。

　　或許這樣已經足夠，理查無法也毋須創造第二個「木匠兄妹」，正如凱倫在〈給你的歌〉（*A Song For You*）中唱的：

And when my life is over

Remember when we were together

We were alone and I was singing this song for you

　　每一個歌者的初衷都是「只不過想唱一首歌給你聽」，後卡本特時代的歌迷，在歌聲中尋找凱倫和理查就好。

完美主義生活方式

　　了解了凱倫與厭食症之間的故事，我們來了解一下厭食症的成因。那麼，怎麼才能判斷一個人是否患上了厭食症呢？厭食症是有診斷標準的，首先展現在體重上。對於成年人來說，身高和體重有一個相互匹配的比例，即 BMI（body mass index）指數，即身體質量指數。BMI 是用體重（公斤）除以身高（公尺）的平方得出的數字，是目前國際上常用的衡量人體胖瘦程度以及是否健康的一個標準。

　　假如一個人的身高是 1.85 公尺，體重是 75 公斤，他的 $BMI = 75/1.85^2 = 21.91$。一般認為 BMI 指數在 18.5 ～ 23.9 期間屬正常，低於 18.5 視為過輕，24 ～ 27.9 視為超重，超過 28 視為肥胖。由於 BMI 指數考慮到身高與體重兩個因素，在測量身體因超重而面臨心臟病、高血壓等風險時，比單純的以體重來認定更具準確性。並非所有人都可以用 BMI 指數衡量，未滿 18 歲的青少年、運動員、正在接受重量訓練的人、懷孕或哺乳期的女性、身體虛弱或久坐不動的老人等，皆不在測算範圍內。

　　除了客觀指標上的異常，厭食症患者還會表現出心理、

行為上的症狀。患者對體重的增加非常恐懼，每天測量體重，一旦發現體重增加，馬上採取禁食、服藥、運動等方法來減輕重量。和生活其他內容相比，控制體重成為厭食症患者的絕對重心，即便在他人眼中患者的認知已經嚴重偏離客觀事實，患者拒絕承認體重過低，不肯面對風險。最新的診斷標準中，即便患者本身承認體重過低，也不擔心體重增加，只要患者存在使用節食、運動等方法維持低體重的現象，亦可視為厭食症。

厭食症通常從青春期開始發病，就診年齡平均在二十歲到三十歲，病症會持續到中年。厭食症患者中，女性居多，男性只占十分之一。厭食症的死亡率很高，屬於頑固難以治療的精神疾病之一，尤其是體重過低的患者，治療中死亡的可能性非常大。因此，當 BMI 指數過低時，一般的醫院會拒絕接收病人，而是馬上轉診到專門的醫院。

厭食症患者過的日子和遭遇饑荒的難民差不多，由於長期處於飢餓狀態，身體缺少必需的營養，身體多個系統也開始出現問題，如腸胃系統紊亂、免疫力下降、腺體腫大，患者皮膚變黃，感覺寒冷，皮膚上長出纖毛，開始掉頭髮。

和其他精神疾病一樣，醫學研究並不知道厭食症的確切原因。目前來看，厭食症的形成有家族遺傳的因素，也有後天養成的因素，如家庭環境、父母教養方式、個人性格等。

這些特點在學習、工作、家庭生活和社會人際交往中展現出來，成為厭食症發作的誘發源。

從眾多厭食症患者的資料來看，家庭關係和性格因素是兩個不容忽視的因素。在家庭中，如果父母要求嚴格，對孩子的各方面發展抱以最高期待，孩子從小就會討好父母，希望盡自己最大努力達到父母的要求。控制體重也是滿足這一心理根源的手段，患者透過控制攝食行為增強了對生活的控制力，滿足他人期待的同時，為自己找到了安全感和自我價值——成年階段，孩子不再討好父母或者其他權威人士，而是討好內在的有著完美主義要求的自己。

世界上最著名的厭食症患者，俄羅斯裔摩納哥女人瓦萊麗婭·萊維汀（Valeria Levitin）便是從討好母親開始走上厭食症之路的。瓦萊麗婭被稱為「全世界最瘦的女人」，她的身高 173 公分，體重只有 27 公斤，深陷的眼窩、嶙峋的骨頭和如火柴棍一般的四肢，讓她看起來像一具行走的骷髏。瓦萊麗婭每日只能進食一份少量食物的正餐，搭配幾塊水果、零星的肉和蔬菜，對於大多數可口又美味的食物，她的身體根本承受不了消化帶來的壓力。

瓦萊麗婭之所以骨瘦如柴，是因為她十多年裡受困於厭食症。十多歲時，瓦萊麗婭還是一個肉嘟嘟的小女孩，臉蛋圓圓的，手臂和大腿上都有肉，不算是美女，卻也是一個健

康、富有活力的年輕女孩。在母親眼中，瓦萊麗婭肉嘟嘟的樣子已經算得上肥胖，她擔心女兒長大後會變成挺著大肚子的肥婆，於是要求瓦萊麗婭少量進食，定時量體重。作為家裡唯一的孩子，瓦萊麗婭的母親想要把她塑造成一個完美的人，沒想到，對完美的過分追求反而害了她。

開始減肥後，瓦萊麗婭不再吃含有糖分的食物和碳水化合物，看到體重的變化後，她的心情隨之輕快起來。之後，瓦萊麗婭陷入了一個無法自拔的惡性循環。二十三歲時，她能穿下標準大小的衣服，在此之前，她都要穿大碼的衣服。興奮了幾天，瓦萊麗婭的新鮮感過去，她找到了新的目標 —— 她想成為芭蕾舞演員，這樣一來，標準身材遠遠不夠，她還要更瘦。

在減肥路上越走越遠，她也順利地成為一位舞者。有一天，她卻被告知以後不能繼續跳舞，因為她體重過低，在舞蹈訓練時非常容易受傷。這時，她才意識到問題的嚴重，開始求助於營養專家，希望能恢復體重。可是，她的厭食症一直沒有好轉，體重最低時，曾一度不到 40 磅（約 18 公斤）。

患上厭食症後，瓦萊麗婭一直過著單身生活，由於身材脆弱，她不能像平常人一樣享受生活，連去餐廳吃飯、看球賽這樣日常的活動她都要小心翼翼，以免受傷，個中痛苦，只有她一個人最了解。諷刺的是，當瓦萊麗婭走到媒體面

前，向大眾展現厭食症對她的身體和生活的摧殘，為青年女性提出警示，一些年輕女孩卻蜂擁傳郵件給她，向她打聽擁有骨感身材的祕密。年輕女孩關注的不是厭食症帶來的痛苦，而是瓦萊麗婭獨一無二的骨感身材，真令人哭笑不得。

很多患厭食症的女孩子都是從減肥開始的，從青春期開始，她們就表現出厭食症傾向。厭食症患者通常都是自我評價非常低、有著自卑情結的女孩子，即使她們在某些方面表現得非常優秀，她們對飲食、體重依然表現出超乎常人的關心。她們認為瘦了才能變美，才能獲得周圍人的關注，於是，她們想盡辦法塑造苗條的身材，以向他人展現自己美好的一面。

厭食症患者不只是身體上消瘦，多數人伴隨憂鬱、強迫和焦慮症狀。比如：有些患者每天按時吃飯，定時如廁，吃固定的食物，連進食量、飲水量都有精確的數字，這是一種習慣，也會形成一種行為模式，一旦被外界打斷，患者會表現得非常慌亂、無助。

幾乎所有的厭食症患者都有著完美主義特點，包括苛求完美的性格和生活方式。完美主義包括先天和後天，後天主要是家庭環境的影響。厭食症患者的心理檔案顯示，每一個追求完美身材的年輕女孩都有一個完美主義的母親。

在教育培養中，完美主義母親會為孩子設置超越現實的

高標準，無論是外表、家務還是學業成績，如果無法實現，便用批評、指責、否定、拒絕等方式對待孩子，導致孩子無法建立內心安全感。孩子成年後，也會對完整、純美、真善等過於執著。

　　最可怕的是極端專制型完美主義父母。極端專制型完美主義父母對孩子有著嚴格的要求，他們設定硬性規則，要求孩子必須遵從，否則便施以嚴厲的懲罰。通常情況，如果父親是專制型完美主義者，母親會被迫保持沉默；如果母親是專制型完美主義者，家庭結構就會變成「母親主導，父親缺席」；如果雙方都是專制型完美主義者，兩者很容易達成一致。否則的話，家庭氛圍便建立在表面和諧、被動一致的基礎上，一方專制獨裁，另一方忍氣吞聲、委曲求全，家庭成員之間缺少寬容和笑聲，被吆喝、冷漠、指責和謾罵籠罩。

　　「母親主導、父親缺席」的家庭模式會直接影響女兒的完美主義性格，可以說，有完美主義的母親，一定會有完美主義的女兒。完美主義女性，不僅要在社會上取得地位，還要在家庭中取得主導權，突破社會既定的「男主外、女主外」的習俗，凌駕於丈夫之上，為此，女人就要具有「陽剛之氣」，「比男人還要男人」。

　　「母親主導、父親缺席」家庭模式中的「母親」有著強烈的自卑心，且缺乏安全感，她們需要一位強大的男人 ——

英雄或者超級強者給予溫暖和安全感；同時，她們又需要一個軟弱的男人，可以服從她們的一切，滿足她們的控制欲——控制是為了避免失去秩序遭受懲罰，儘管來自父母的懲罰已經不存在，這種行為方式卻固定在潛意識裡。可以想像，當這位母親還是一個小女孩時，她是如何失控於另一位強大母親的。

顯然這是矛盾的，超級強者不可能同時軟弱又願意服從，於是，專制型完美主義者做了母親，通常以「以柔克剛」的方式或者超越於一般男性的暴力手段緊握著家庭的主導權，丈夫的力量無力向外施展，在家庭內部耍威風以獲取自信，「實權」則掌握在女人手中。

在這樣的氛圍下，女兒以母親為潛意識榜樣，逐漸成長為另一個完美主義者，而來自強勢母親的控制令她們想要反抗，控制體重便是顯示掌控生活能力的表現。由於父親的軟弱，兒子喪失了模仿的榜樣，他又無力反抗強勢的母親，於是將精力投射到外部世界，以淘氣、調皮表現出來。

不能說家庭結構可以決定一個人從出生到死亡的一切，但其影響力不容忽視。話說回來，任何原因導致的厭食症都不是不可治癒的，患者可以透過接受系統、科學的治療改善身體狀況，重獲新生。

厭食症的治療需要循序漸進、長期堅持。首當其衝是讓

患者明白營養不足、體重過低的危險。患者改變了認知，在心理上形成改變的動力，具體的治療手段才能發揮作用。接下來，記錄、規劃患者每天的進食情況、運動情況，進入治療之前，營養師都會為患者制定飲食目標，透過記錄和觀察，一步步地改變患者的飲食習慣。

為了取得更徹底的效果，厭食症患者同時要接受心理治療，包括鼓勵患者了解自己的性格、情緒狀態和應對壓力的模式，使用心理策略，鼓勵患者改變以往的思維模式和行為模式等。

厭食症治療是一個非常漫長而痛苦的過程，患者每天需要強迫進食，而且不允許劇烈運動，也不允許催吐，在限制人身自由方面，醫院和監獄差不多。許多人中途退出，或是因為無法忍受進食帶來的不適感，或是沒有勇氣和能力做出心理上的改變。一段時間後，消瘦及併發症的情況加劇，部分人再次求診，二次受罪。

第五章

蒙娜麗莎的性密碼 —— 達文西

人類史上第一全才

提到達文西（Leonardo da Vinci），人們總會想到「義大利文藝復興三傑之一」，想到收藏於巴黎羅浮宮的名畫〈蒙娜麗莎〉，或者是想到收藏於義大利米蘭聖瑪麗亞感恩修道院的巨幅畫作〈最後的晚餐〉……簡而言之，人們習慣認為達文西是一位藝術家。

作為藝術家，達文西是一位偉大的畫家，他與拉斐爾、米開朗基羅齊名，亦被認為是歐洲文藝復興時期最完美的代表。他的代表作〈蒙娜麗莎〉是一幅享有盛譽的肖像畫，在77cm×53cm 大小的布面上，達文西描繪了一位面部呈現出微妙笑容，眉宇間透出內心歡愉的女性。〈蒙娜麗莎〉被看作是達文西最高藝術成就的代表，他以高超的繪畫技巧，描繪模特臉上舒展的肌膚、翹起的嘴角，呈現出一張帶著平靜安詳笑容的面龐。

在〈最後的晚餐〉這幅壁畫中，達文西把《新約聖經·馬可福音》中關於耶穌被猶大出賣前的最後一次晚餐的故事，直接畫在了修道院餐廳的牆壁上，一改以往描繪這個故事的手法，達文西在畫面的布局上做了創新。他把原本耶

穌獨坐一端、弟子們坐成一排的構圖改成了耶穌坐在中間，十二門徒分坐於他兩邊，身後明亮的窗戶映照在耶穌身上，使他成為注意力集中點。

身邊十二個弟子，每一個人都有與眾不同的表情、眼神和動作，尤其是內心不軌的猶大，他後仰著身子，面前的鹽瓶被他的手肘碰倒，臉上呈現出驚恐和不安。這幅畫以完美的構圖、緊湊的情節、極具特色的人物形象和純熟的手法成為人類史上最優秀的繪畫作品之一，它也成為世界美術寶庫中最完美的典範傑作。

除了這兩幅廣為人知的作品，達文西還有木板油畫〈抱貂女郎〉、祭壇畫〈岩間聖母〉、布面蛋彩畫〈哺乳聖母〉等作品傳世，〈抱銀鼠的女子〉是一幅肖像畫，畫中是一位高貴沉靜、懷抱銀鼠的女性，達文西在這幅畫中巧妙地運用了光線和陰影的對比，襯托出畫中人柔美的臉龐。〈岩間聖母〉雖然是一幅宗教題材的畫作，卻表現出一副世俗天倫之愛的快樂。耶穌與約翰的會面之神聖意義被削減，變成了聖母庇護下的母愛的感召。當然，達文西沒有「反叛」得多麼徹底，為了點名宗教主題，他在畫中人身上留下了供人參考的宗教注解。

達文西畫藝精湛，多出精品，是一位多才多藝的藝術家，晚年時期，他沉醉於科學研究，很少作畫，他不只是一

個畫家，還兼有寓言家、雕塑家、發明家、哲學家、音樂家、醫學家、生物學家、地理學家、建築工程師和軍事工程師等諸多身分。這些身分當然不是達文西在當時社會的公開身分，在宗教統治社會的時代，達文西對科學的研究很可能遭到迫害，他把大量研究都記在了筆記本裡。從流傳下來的五千多頁手稿可見，達文西研究過從藝術領域到科學領域的大量知識，幾乎無所不能，算得上神一般的全才人物 —— 他和神的區別只是一具不死之身而已。

達文西對科學研究的興趣開始於繪畫。想要畫出維妙維肖的人體畫像，需要研究人體結構，骨骼、肌肉、組織等，早年創作時，達文西便對人體構造頗有研究，同時，他對了解人體功能也有興趣。晚年時，憑藉偉大藝術家的盛名，達文西能夠輕易地得到解剖人體的機會，達文西手稿中的人體解剖圖便得益於那個時期的解剖實踐。

從解剖一位在醫院去世的老人開始，直到去世之前，達文西大約解剖了三十多具屍體，根據觀察、實踐，他畫下了十八份解剖圖，裡面包含了兩百四十幅圖和大量筆記。某些解剖圖裡，達文西手繪圖畫的精細程度可以和現代醫學設備產生的圖像一較高下。

有了人體解剖學的知識，達文西對人體構造有了更深入的認知。他畫出了子宮內的胎兒圖；他用蠟來表現人腦的內

部結構，設想用玻璃、陶瓷製作心臟和眼睛；他還發現了血液的功能，認為血液是不斷循環的，對人體起著新陳代謝的作用。血液能改造全身，把養料帶給身體各部分，並且把廢物帶走。

他按照古羅馬建築師維特魯威留下來的比例學說繪製出一個具有完美比例的人體——〈維特魯威人〉。他把維特魯威人的高度化成八個等分，兩條張開的臂膀也分成八個等分，他把這個人體放入了代表宇宙秩序的方圓之中。

在物理學方面，達文西發現了液體壓力的概念，提出了連通器原理。他認為，在連通器內，同一液體的液面高度是相同的，不同液體的液面高度不同，液體的高度與密度成反比。在摩擦學理論、慣性原理、槓桿原理、永動機等方面，達文西做了研究，並且對前人的基礎上做了改進，他發現的慣性原理後來被伽利略用實驗證明；他推導出槓桿原理中作用力與臂長關係、速度與臂長的關係，他還算出了「永動機」的不可能實現。

此外，他還設計、繪製了許多器械的草圖，如水下呼吸裝置、拉動裝置、發條傳動裝置、滾珠裝置、反向螺旋、差動螺旋、風速計和陀螺儀。鑑於對鳥類飛行的詳細研究，達文西運用他的奇思妙想，設計了多部飛行器，如以人力運作的直升機、輕型滑翔翼，他還曾自製一部飛行器，並且進入

了測試階段，可惜以失敗告終。可以想像，如果達文西的手稿早一點被發現，發明飛機的功勞就要算在他的頭上了。

在軍事工程方面，由於達文西有過擔任軍事工程師的經歷，他在筆記中記錄了多種軍事機械的設計稿，比如機關槍、人力或以馬拉動的武裝坦克車、子母彈、軍用降落傘、含呼吸軟管以豬皮製成的潛水裝及潛水艇、雙層船殼戰艦等，這些在今日看來是軍隊必備的武器裝置，在文藝復興時代並不存在。

達文西對水利工程亦有所研究，他做了疏通阿諾河的施工計畫，親自設計主持修建了米蘭至帕維亞的運河灌溉工程。此外，他還經手建造了水庫、水閘、攔水壩等水利工程，推動了當時的農業生產。

天文學方面，達文西反對「地球中心說」。他認為，地球只是一顆繞太陽運轉的行星，繞著太陽運轉，地球不是太陽系的中心，也不是宇宙的中心。達文西的思想早於哥白尼的「日心說」。其實，哥白尼和達文西曾經有過交集，哥白尼二十三歲時從波蘭到義大利求學，他在義大利求學十年，期間曾經拜訪過達文西，不知道二人是否就「地心說」、「日心說」等天文問題交流想法。

在建築學方面，達文西也表現出過人的才華。上文提到，達文西受羅馬建築師、工程師維特魯威的比例學影響，

畫出了〈維特魯威人〉。在建築方面的成就，達文西也繼承了維特魯威的思想。維特魯威寫過一部建築學巨著，名叫《建築十書》（*De architectura*），這本書介紹了建築設計基本原理、建築構圖原理、建築材料，還包括羅馬時期的城市規劃、工程技術和建築藝術等。此書於文藝復興時期被重新發現，達文西為此書寫過評論，〈維特魯威人〉便是他發表評論時做的插圖。

達文西設計過橋梁、教堂、城市街道和城市建築。在城市規劃設計時，他將車馬道和人行道分開，設計城市建築時，達文西規定了房屋的高度和街道的寬度。他還設計、建造了米蘭的護城河。

坐落於法國盧瓦河左岸五公里外的香波爾城堡是達文西生前設計的最後一座建築。達文西去世三年前，弗朗索瓦一世邀請他設計香波爾城堡，三年後，城堡按照達文西的設計圖紙開工，此時他已經去世了。這座城堡群在一百五十年後完成，法蘭索瓦一世亦未得機會窺其全貌。如今，香波爾城堡已經成為法國文藝復興時期的代表性建築。

達文西曾經為土耳其設計過一幅拱形橋，由於工程難度大，造價高，土耳其蘇丹拒絕了他的設計。達文西手稿被發現後，這張設計圖被挪威藝術家比約恩‧桑德（Vebjørn Sand）相中，他說服挪威的公路管理局，成功將達文西設計

的橋梁建造出來，如今，這座被稱為「橋梁中的蒙娜麗莎」的跨海峽大橋已經建成、通車。

後人將達文西的設計變作現實的例子還包括金字塔型降落傘。金字塔型降落傘是達文西畫在筆記本上的一張設計草圖，是人類第一個降落傘設計圖，達文西在草圖旁邊標注：「如果有人用一大幅塗上樹膠的麻布，每邊長十二碼（約10.97 公尺），高十二碼，那麼不論他從多高處跳下來，都不會受傷。」2008 年，一位來自瑞士的男子使用達文西的設計，從六百公尺的直升機跳下，成功著落。經過試驗，這名男子發現了達文西設計的降落傘存在的缺陷，原本設計中的木質框架並不實用，而且，降落傘只能隨風飛行，人不能操控。

有趣的是，這些記錄在筆記本中的、未經整理的手稿，除了圖畫之外，注釋都是用左手鏡像反寫字書寫的，解讀起來非常困難，如謎語、密碼一般，需要透過鏡子反射才能順利閱讀。這是達文西提防宗教勢力發現的巧計，也是他保留版權的妙招。如今，這些手稿分散在歐洲的多座博物館和私人藏家手裡，近期一位知名藏家是世界首富比爾蓋茲，他於1994 年花費三千多萬美金拍下了二十七份達文西手稿。

達文西令人驚嘆之處，一方面在於他用高超的觀察力和洞察力，為後人留下了世界諸多領域知識的研究、發現，另

一方面在於，他放棄了以宗教教義、經院哲學言論作為知識基礎，放棄了書本，到社會中、大自然中去尋求真理。他在藝術上的成就為後世藝術家樹立了典範，在科學上的貢獻則影響了後世的哥白尼、伽利略、克卜勒、牛頓等人。

達文西的童年記憶

　　逝世後的五百多年裡，人們對達文西的研究從未中斷過。對義大利來說，達文西是一塊永遠耀眼的國寶，是義大利文化和藝術的象徵，歐美各國和日本、以色列等國家則先後建立了專門的達文西研究機構，不斷發掘達文西和他留下的藝術作品、科學研究手稿中的寶貴財富。

　　圍繞達文西的研究者來自各個領域，美術家研究他的繪畫作品，物理學家印證他的物理學理論，建築師嘗試按照達文西的設計圖紙建造實體建築，心理學家也研究過達文西，佛洛伊德曾經為達文西寫過一部評傳《達文西的童年回憶》（*Leonardo da Vinci and A Memory of His Childhood*），從父親的缺席、戀母情結等方面研究童年經歷與達文西的藝術創作之間的關係。

　　首先，達文西的童年是什麼樣的呢？達文西全名李奧納多·迪·塞爾·皮耶羅·達文西，西曆 1452 年 4 月 23 日出生在佛羅倫斯附近的文西鎮。父親皮耶羅是佛羅倫斯的法律公證員、佛羅倫斯大行會的會員，是當地望族，家境富裕。達文西的母親卡泰麗娜是一位農婦，兩人未婚生子，達文西出

生後不久，皮耶羅便拋棄了卡泰麗娜，與一位有社會地位的十六歲女孩結了婚。值得注意的是，達文西並不是皮耶羅的家族姓氏，而是代表了他的文西鎮出身，李奧納多‧迪‧塞爾‧皮耶羅‧達文西的意思是來自文西鎮的迪‧塞爾‧皮耶羅之子 —— 李奧納多。

達文西的生母後來嫁給了一位農民，五歲之前，他跟隨生母與繼父一起生活，後來，由於皮耶羅的第一任妻子不能生育，便把達文西接到身邊撫養，達文西的生母不久便去世了。皮耶羅第一任妻子去世後，他又娶了一位二十歲的女孩，這位妻子也沒有生育。直到第三次結婚，皮耶羅才有了合法的子嗣。

由於父親家境富有，達文西在良好的物質、文化環境下長大。他聰穎好學，愛好廣泛，對任何事物都有好奇心，在學校裡，他對數學產生了興趣，音樂方面，他會彈七弦琴，喜歡吹笛子，並且能作詞作曲和即興演唱，不論是歌詞還是曲調，皆達到了令人驚嘆的水準。

由於體格健康，體育活動也難不倒達文西，他愛好多種體育活動，尤其善於騎馬。達文西口齒伶俐，能言善辯，在辯論中，輕易便能戰勝對手。當然，他最愛的始終是繪畫，從學生時代，他便每日沉浸在繪畫之中，畫到投入時不食不寐，有「繪畫神童」的美稱。

　　在達文西少年時代，繪畫是一份低賤的職業，有威望的家族不允許後代從事繪畫工作，達文西的父親也是如此，他希望達文西學習法律，繼承他的事業，成為一名公證人，不過，父親沒有強烈反對他對繪畫的興趣。十四歲時，達文西跟隨家人遷居佛羅倫斯，同時，他被父親送進韋羅基奧（Andrea del Verrocchio）的畫坊，開始系統地學習繪畫和雕刻。

　　這位韋羅基奧可不是平頭小輩，而是文藝復興早期的大咖級人物。他是畫家、雕刻家、首飾家、建築家、工程師和音樂家，是一位學識淵博、藝術造詣深厚的老師。除了達文西，畫家波提且利（Sandro Botticelli）也是他的學生。在雕刻方面，韋羅基奧對米開朗基羅有很大影響。達文西在韋羅基奧的畫坊並沒有得到優待，他像其他學徒一樣，掃地、洗畫筆、做模特，慢慢地，他得到了製作金屬燭臺、雕刻墓碑的機會，做老師的助手，與老師共同完成繪畫。

　　那時候，韋羅基奧的畫坊是佛羅倫斯的藝術中心，經常有人文主義者主持、參與的聚會。在那裡，達文西結識了一批畫家、科學家和人文主義者，受到了人文主義的薰陶。十八歲時，達文西已經有了很高的藝術造詣，他協助韋羅基奧繪製了〈基督受洗〉，雖然他只畫了一位跪在基督旁邊的天使，但其神態、表情和柔和的色調已明顯超越了老師。據

傳，韋羅基奧認為學生已經遠遠超越了自己，從此傾心雕塑，不再畫畫。

應聖喬治堂的邀請，達文西前往米蘭繪製祭壇畫〈岩間聖母〉。從 1482 年到 1499 年，身在米蘭的達文西在藝術上發展得很順利，〈最後的晚餐〉是他這一時期最負盛名的畫作。由於出色的七弦琴技藝，他首先作為音樂家在米蘭獲得名聲，隨後表現出在雕刻、軍事工程和建築方面的能力。這期間，他的繪畫作品不多，但是他的才能得到了米蘭大公盧多維科・斯福爾札（Ludovico Sforza）的青睞。

西元 1499 年，為了躲避戰亂，達文西到曼托瓦和威尼斯等地旅遊，同時進行科學研究。一年後，他回到佛羅倫斯，著手繪製〈蒙娜麗莎〉。花了四年時間，達文西完成了〈蒙娜麗莎〉，之後他返回米蘭，服務於米蘭宮廷。1913 年，達文西移居羅馬，在那裡短暫停留，見到了米開朗基羅等身在羅馬的畫家。兩年後，達文西移居法國，定居在昂布瓦斯。1519 年 5 月 2 日，達文西病逝。

下面，我們來看一下精神分析大師佛洛伊德是如何研究達文西的。作為一名醫生和心理學家，佛洛伊德在研究神經官能症的同時，從沒有放棄對文學、哲學、藝術的喜愛。成為專職醫生後，佛洛伊德依然在大量閱讀不同時期不同國家的文學作品，由於他精通希伯來語、拉丁文、希臘文和英語

等多國語言，可以直接閱讀、背誦用這些文字創作的文學作品，文學大師中，他特別推崇莎士比亞和歌德。

對文學作品、哲學書籍的愛好，實則來自佛洛伊德對人本身的關注。用他自己的話說，他對人類本身問題存有好奇心。從自身生活過程、觀察病人、研讀文學作品等多種方式，佛洛伊德關注人的情感、性格、幻想，發現人在成長、發展過程中受到的壓抑。

有了對達文西生平的掌握，佛洛伊德是如何進行理論分析的呢？後世從達文西那幅著名的自畫像了解他的相貌，是故一提到達文西，人們就想到一位睿智長者的形象。實際上，達文西年輕時曾是佛羅倫斯的美男子，據說，韋羅基奧創作的青銅大衛像就是以達文西為模特的。因為相貌俊美，且對女人無甚興趣，達文西一直被認為有同性戀傾向，他確實曾捲入同性戀官司當中，只是沒有證實。佛洛伊德則嘗試用他的精神分析方法證實這一點。

達文西的同性戀傾向亦與他的戀母情結有關。根據佛洛伊德的考證，達文西童年幻想中的「禿鷲」的「尾巴」（coda）是男性生殖器的象徵。在古埃及的象形文字中，母親是由禿鷲的形狀來代表的，埃及人崇拜的女神的頭也是禿鷲的形，女神的名讀作「Mut」，與德語「mutter」（母親）發音相近，據說，埃及神話中的女神是雌雄同體的，擁有男

性生殖器，於是，佛洛伊德把禿鷲、母親、尾巴、生殖器連繫到了一起，斷定達文西童年期失去了父親的監護，同時受到母親的過分呵護，他的「戀母情結」是肆無忌憚地，毋須為「閹割焦慮」所困擾，因此，他過多地感染了女性氣質。

此外，與父親一起生活後，達文西壓抑著他的戀母情結 —— 對繼母的衝動，致使他潛意識中模仿父親的行為：鬼混、拋妻棄子。由於沒有建立家庭，達文西把這種行為模式用在了他的藝術作品上，達文西採用了「拋棄」的方式，他留下了許多未完成的傑作。

在佛洛伊德看來，達文西一生都在尋找母親的代替品，過了天命之年，他發現了〈蒙娜麗莎〉，終於找到了夢寐以求的母親形象。那位夫人美好而富有深意的微笑喚起了他心底沉睡多年的記憶，那是關於母親的記憶。在達文西眼中，〈蒙娜麗莎〉化身為他的母親，繼而變成人類的偉大母親。〈蒙娜麗莎〉的微笑後來出現達文西多部繪畫和肖像人物的臉上，如〈聖母子與聖安妮〉、〈施洗者約翰〉、〈麗達與天鵝〉。

對達文西來說，童年時期父親角色缺失的唯一好處是他擺脫了父親的恫嚇，由此，他才能自由地發展，在他的繪畫作品和科學研究中擺脫權威的束縛，進行獨立的、大膽的、超越時代的探索。佛洛伊德注意到達文西在記錄父親死亡

時採用的文字和語氣，證明達文西對他的父親有著複雜的感情。

在 1504 年 7 月 9 日的日記裡，達文西如此寫道：「1504年 7 月 9 日，星期三的七點鐘，瑟·皮耶羅·達文西，波德斯塔宮的公證人，我的父親在七點鐘去世了，他享壽八十歲，留有十個兒子和兩個女兒。」冷靜、平和，將關注點放在死亡時間上，宛如報紙在發一位陌生人的訃告。如果達文西對他的父親有著深厚的、難以克制的感情，他至少可以表現出失去父親應有的悲痛心情。

儘管言之鑿鑿，佛洛伊德卻犯了一個致命的錯誤。他從「禿鷲」這一語義源頭展開推論，他的所有自圓其說也折在這個單字上。1950 年代，研究者在達文西的《大西洋古抄本》（Codice Atlantico）中發現，他把那隻鳥稱為「ni bio」（即「nibbio」），對應的是義大利語詞 ——「鳶」。鳶和禿鷲是兩種動物，由此建立在「禿鷲」之上的戀母推論、同性戀傾向都不成立了。

正如佛洛伊德自己所言，他的論斷必定會引起大眾的憤怒和譴責。人們實際上的憤怒和佛洛伊德預見的似乎不太一樣，後人之所以憤怒，一方面因為佛洛伊德對達文西的個人生活經歷與藝術創作之間偏激解讀，對文本近乎暴力的闡釋；另一方面，佛洛伊德一如既往地將所有力量歸於「性驅

力」，嘗試從他的戀母情結、與父親的複雜關係中找到達文西是同性戀者的證據。不過，佛洛伊德對偉大人物的關注令他的心理學世界更有寬度，在行文中表現出的卓絕的辯論才能、有理有據的分析以及對歷史和文獻的掌控、整理能力，始終令人佩服。

蒙娜麗莎本尊是男人？

自〈蒙娜麗莎〉誕生以來，圍繞它的評論、研究、爭議從未停止過。很少有一件藝術品能像〈蒙娜麗莎〉一樣，享譽全球，多受讚譽，同時被反覆地討論、分析，既成為藝術家、美術史家研究的課題，也成為名人野史、周邊八卦的源頭。幾個世紀以來，關於蒙娜麗莎的真實身分始終沒有定論，每一個時期的研究者都提出自成一家的說法。

根據文藝復興時期的傳記作家瓦薩里的記載，〈蒙娜麗莎〉的原型是佛羅倫斯絲綢商佛朗斯柯・捷列・佐貢多（Francesco del Giocondo）的妻子麗莎（Lisa Gherardini），達文西於 1503 年為她畫像，那年她二十四歲。這是擁護者最多的一種說法，在此基礎上，美國耶魯大學解剖學教授舍溫・努蘭（Sherwin B. Nuland）根據他在米蘭和佛羅倫斯各大圖書館找到的證據，嘗試解釋蒙娜麗莎微笑背後的祕密。他認為，蒙娜麗莎的神祕微笑來自妊娠的喜悅。畫中婦人在做達文西的模特時恰好懷有身孕，母親對新生命的期待讓她的臉上展現了神祕的、恬靜的微笑。

努蘭教授從歷史文獻和畫作本身尋找證據，他認為畫像

中腫脹的手臂、發胖的臉龐和微微鼓起的腹部都在證明她是一個孕婦，而且，她的手上沒有戒指 —— 佛羅倫斯的富有女人絕不會不戴戒指。合理的解釋是，因為懷孕的關係，手指變粗，她只好將戒指取下來。

對蒙娜麗莎的真實身分，有學者持不同看法。他認為，蒙娜麗莎是米蘭公爵的夫人，是達文西的情人。學者再進一步研究了與達文西同代人的檔案和日記，認為身穿喪服、不戴首飾的蒙娜麗莎和正處服喪期間的米蘭公爵夫人一致，她與達文西結識於米蘭宮廷，後來兩人過從甚密。達文西創作〈蒙娜麗莎〉期間，正值米蘭公爵夫人的母親去世。

法國科學家帕斯卡·柯特（Pascal Cotte）的發現則令人驚詫。柯特花費了十年時間，利用反射光分析技術，發現〈蒙娜麗莎〉背後還有一張肖像畫，是另一個女人的模樣，與人們熟悉的蒙娜麗莎的長相完全不同。

還有一種說法認為，〈蒙娜麗莎〉畫的是達文西本人。根據電腦掃描分析，〈蒙娜麗莎〉與〈達文西自畫像〉有著驚人的一致性。兩者在五官的輪廓、髮際線位置、眼睛、鼻子等處能夠完全重合，研究者認為，〈蒙娜麗莎〉實際上就是達文西的自畫像，他是對著鏡子中的自己臨摹出來的。達文西之所以這樣做是想創作一個雌雄同體的形象，這是他心目中最理想的男女結合方式：平等地融合。這一說法已經被

越來越多的美術史家接受。

蒙娜麗莎的性別從女變成男，有人提出了更加大膽的猜想：蒙娜麗莎的原型是達文西的徒弟卡普羅蒂（Gian Giacomo Caprotti），暱稱薩萊（Salaì），這位薩萊是達文西的徒弟兼模特，長相俊美，美妙的肉體深得達文西讚揚。從達文西的筆記本裡可以看到多處暗示他和薩萊關係曖昧的注釋。他們的關係持續了二十多年，在〈施洗者聖約翰〉、〈化身天使〉等畫作中，頂著一頭捲髮，苗條又柔弱的帥哥就是以薩萊為原型的。研究者對比了出現在達文西畫作中的卡普羅蒂的面部特徵，發現他的口鼻與蒙娜麗莎有著驚人的相似。

如果蒙娜麗莎只是一位婦人，她是公爵夫人也好，商人的妻子也好，並無意外之喜，如果這幅畫是達文西隱晦的自畫像或者是以他的戀人為原型，研究的意義便不止在於畫作本身了。人們對達文西性取向的猜測經歷了幾百年，始終處於捕風捉影階段，找不到實質性的證據，如果能從這個角度證實，無異於歷史性突破。

早在〈蒙娜麗莎〉誕生之前，達文西便與「同性戀醜聞」扯上了關係。達文西為人冷漠，不親近女人，最親近的女人是他早逝的生母。一生之中，達文西沒有結婚，也沒有與女人親密交往的紀錄，除了替女人畫肖像，他從不親近女人。在畫作中，達文西表現了他對男性肉體的迷戀，他的素

描沒有女性，全部是男性裸體。關於他喜歡男人的傳言，從年輕傳到年老。

　　師從韋羅基奧學習期間，23 歲的達文西被人檢舉和一位 17 歲的男模特發生了不正當關係。因為這件事，達文西的履歷上留下了唯一與「同性戀」扯上關係的紀錄，召開了兩次聽證會，由於證據不足，最後不了了之。據說達文西的父親利用家族威望從中斡旋，才使得訴訟無疾而終。儘管全身而退，這次審判讓達文西心靈受創，此後的歲月裡，他竭力低調生活，甚至創作出謎一般的鏡像書寫來記錄自己的真實想法。

　　但是，人們還是從蛛絲馬跡中找到了他的同性戀「證據」。西元 1490 年，10 歲的卡普羅蒂來到達文西身邊，成了他的模特和學徒。在創作上，薩萊也是達文西的靈感來源。儘管薩萊有不軌行為，曾偷達文西的東西到市場上去賣，但是達文西原諒了他。之後的二十五年裡，達文西畫了幾幅以薩萊為模特的畫作，其中不乏帶有情色意味的作品。

　　說起文藝復興時期的藝術家，每一個人都和「同性戀」有著各種關係，達文西不是獨一無二的那個。雕塑大師米開朗基羅終身未娶，他從不接近女人，甚至不用女模特，他對男人的迷戀則幾近瘋狂，他和男模特糾纏廝磨，把最熱情的詩句和最完美的作品獻給他們。

莎士比亞也被考證出「同性戀傾向」：從他的十四行詩裡可以看到一個俊俏不凡、美若女子的年輕男子；戲劇《威尼斯商人》隱晦地表達了安東尼奧對巴薩尼奧的愛；在其他戲劇作品中，莎士比亞描繪了許多男扮女裝構成的精采情節。當然，莎士比亞和女人的關係不像米開朗基羅那麼極端，他年紀輕輕便與安妮・海瑟薇（Anne Hathaway）結婚生子，應該說，他不只享受男女之性愛，還享受男性之間的性愛，他不是嚴格意義上的同性戀者，而是一個雙性戀。

為什麼如此多的文藝復興時期的大師是同性戀呢？這要從早於文藝復興的古希臘時期說起。所謂文藝復興，復興的是希臘時期的文學、藝術和文化。那時的作家、藝術家們學習希臘文，研讀希臘的經典著作，崇尚古希臘文化。

雅典城邦時期，男性之愛成為風尚。每一個年輕男子在成年之前都會由一位成年男子負責「教導」，包括生存技能訓練、生活素養訓練和愛的教育，這期間，男子之間建立感情，包括心理上和生理上的，教導結束，年輕男子從身體上和心理上成為一名合格的自由公民。斯巴達式的教育也包括男性之間的愛與照顧，男孩從七歲離開家庭，十二歲時，一位成年男子會與他組成「戀人」，傳授給他知識、技能，當然，男性之間是存在性行為的。

整個古希臘社會，存在一種對男性陽剛美的崇拜，同性

之間的性愛不僅被允許，還成為社會運作中的重要一環。至於女性，古希臘的女性只是生殖的工具，男女之間的愛情並不是歌頌的重點，當然，女性之間的同性關係亦存在，只是女性地位低下，女同性戀者的故事流傳下來的不多。

到了羅馬時期，男風文化達到了荒淫的程度，自從基督教成了羅馬共和國的國教，男風文化受到了限制。由於基督教的教義，除了男女性交之外的性行為都是有罪的，《聖經》中記錄了罪惡之城索多瑪因為男色盛行和淫亂之風被耶和華毀滅的故事，後人在此基礎上開始定罪、懲罰同性戀者。

整個中世紀，歐洲社會對同性戀者的懲罰一直非常嚴酷，不少同性戀者受到了苦役、火刑等迫害。到了文藝復興時期，人的個性重獲解放，復興的古希臘之風讓同性戀者活躍起來，文人、藝術家等知識分子階層中男色之風再次盛行，礙於社會道德層面的壓制，他們只能偷偷摸摸地行事，無一人敢公開宣揚。有了這樣的社會背景，達文西的同性戀傾向和他一輩子遮遮掩掩的行為便可以理解了。至於〈蒙娜麗莎〉的原型到底是男是女，是貴婦人還是浪蕩女，至今沒有定論，只好留給後人慢慢考證了。

像達文西那樣睡覺

　　達文西多才多藝，一生把精力放在多個領域，留給後世無數財富。在達文西生活的年代，心理學尚在哲學的襁褓中，還未生出獨立意識，更不用說自立門戶。不過，達文西卻以對大千世界抱有最大好奇心的心態研究起心理學領域的問題：睡眠。

　　民間流傳一種名為「達文西睡眠法」的睡眠方法，是達文西在做科學研究、藝術創作時使用的一種睡眠方法。據說，達文西一生勤奮工作，格外惜時，為了能有更多的時間從事創作，同時保持充沛的精力，他每四個小時睡覺十五到二十分鐘，總體算下來，他一天只睡兩個小時，這樣一來，他夜裡不需要用長久睡眠的方式恢復體力，便能保持高度覺醒。

　　「達文西睡眠法」是否真出自達文西，歷史已經不可考證。文藝復興時代沒有電燈，人們堅持日出而作、日落而息的生活習慣，想必達文西也是如此。他會在進入創作狀態時從早到晚地忘我工作，達到廢寢忘食的狀態，但是沒有確切的資料證明，達文西確實是用這種怪異的睡眠方式來完成他

的一幅又一幅曠世大作的。

　　單就這一獨特的睡眠方法，有人拍手叫好，認為這種方法可以提高生命的效率，擠出更多時間用來工作或學習；也有人對此不屑一顧，認為沒有人能夠如此睡覺，這種方法在現實生活中完全不具有操作性。對此，心理學家有更專業的觀點。

　　在心理學領域，心理學家用更專業的術語描述「達文西睡眠法」，即多階段睡眠（polyphasic sleep）或多相睡眠。所謂多相睡眠，即將人類已經習慣的單次睡眠過程分成多個睡眠週期，以達成減少睡眠時間的睡眠方式。「多相」是與「單相」、「雙相」相對的。單相睡眠即大多數人採用的睡眠方式，睡一晚上，早上醒來。雙相睡眠即晚上睡一覺，中午睡一覺。多相就是睡睡醒醒，睡一下，覺醒投入工作，再睡一下，醒來繼續，如此反覆。

　　多相睡眠不只有「達文西睡眠法」一種，還有「烏布曼睡眠法」（Uberman sleep schedule），這種方法宣導每天只睡三個小時，跳過睡眠之前的入睡潛伏期，直接進入慢波睡眠（NREM 睡眠，非快速眼動睡眠），長年累月如此，睡三個小時的人其生命長度將長過每天睡七八個小時的人，有更多的時間可以做想做的事。這種方法真的能讓人類戰勝自然規律嗎？

　　很多人嘗試過親身實驗「達文西睡眠法」，前兩個星期

是最難適應的，伴隨噁心、頭暈等症狀，堅持十天以上，身體逐漸適應。但是顯現的問題非常多，有些人身體疲乏，睡不好，醒來後行動也不如期待中順暢，也有人出現嗜睡、體溫異常等身體反應，很少有人用自我訓練的方法徹底告別單相睡眠或雙相睡眠，遊刃有餘地在多相睡眠模式下生活著。

實際上，縮短睡眠時間的體驗和睡眠剝奪異曲同工。睡眠本是一種自然形成的週期性的狀態，睡眠伴隨著感知覺、意識和神經活動的減緩，睡眠分為兩個階段，即慢波睡眠和快波睡眠（REM 睡眠，快速眼動睡眠）。這兩個概念是睡眠之父納旦尼爾·克萊特曼（Nathaniel Kleitman）和他的學生助手尤金·阿塞林斯基（Eugene Aserinsky）共同提出來的。1953 年，他們在〈科學〉雜誌上發表了論文〈快速眼動睡眠 —— REM〉，闡述了他們用腦電圖研究睡眠的成果。

克萊特曼和阿塞林斯基發現人類的睡眠遵循九十分鐘一個循環的規律。經歷過二十、三十分鐘的入睡潛伏期後，進入 NREM 睡眠第一期，幾分鐘後進入 NREM 睡眠第二期，時間持續三十到四十分鐘，之後進入 NREM 睡眠的第三期及第四期，時間持續最長達六十分鐘，接著回到 NREM 睡眠第二期，入睡約七十到九十分鐘後，進入 REM 睡眠，REM 睡眠通常只有五分鐘左右，然後回到 NREM 睡眠第二期，進入第二個睡眠週期。

在 RNEM 睡眠階段，大腦的血流量較少，身體代謝減速，大部分區域神經元活動減少，體溫降低，心率減慢，動脈血壓降低。進入 NEM 睡眠階段，各項身體指標進入完全不同的狀態。大腦血流量增加，神經元放電活動增加，體溫增高，骨骼肌張力減退，可以說，在 REM 睡眠時期，腦電波和清醒時相似，身體處於睡眠狀態，大腦卻像覺醒狀態一樣，高速地運轉著。只有經過 REM 睡眠階段，人醒來才會有大睡一覺的痛快感。

在 REM 睡眠階段，睡覺的人會做夢。在夢境中，人們經歷如日常生活一樣真切的場景，眼動速度等生物指標和覺醒狀態相近。如果在這時叫醒睡夢中的人，他們會報告正在做夢，而且能清晰地報告夢境中發生的事。許多人一覺醒來，報告說自己沒有做夢，有些人則聲稱多年來從不做夢，原因很簡單，他們只是在非 REM 睡眠階段醒來的。

如果人的睡眠被剝奪 —— 如測試「達文西睡眠法」是否可行，人會發生什麼變化呢？常識讓我們知道，徹夜未眠，第二天肯定會打瞌睡，如果睡眼惺忪地工作、學習，就會效率不佳，且身心痛苦。如果長期無法享受睡眠，其結果如何？1966 年，日本研究者做了睡眠剝奪的實驗，受試者是一位二十三歲的男子，在連續剝奪了 101 小時的睡眠後，受試者沒有出現明顯異常，但是精神活動減弱，出現了幻覺和

錯覺。其他睡眠剝奪實驗觀察到，受試者出現易怒、注意力不集中、反應遲鈍等變化。

按照「達文西睡眠法」，睡眠並沒有被完全剝奪，而是睡眠週期中的 REM 睡眠階段被剝奪，由於入睡時間過短，尚未進入 REM 睡眠階段便結束，對大多數人來說，這是非常困難的，而且非常痛苦。根據親身體驗者的經驗，一個人至少要花費一個星期的時間去適應，適應了之後，一段時間內身體感覺進入良好狀態，但是長期的、隱祕的身體傷害是肉眼看不到的。

1994 年，以色列魏茲曼科學研究學院的阿維·卡爾尼（Avi Karni）和多夫·薩奇（Dov Sagi）發現了充足的 REM 睡眠階段的重要性，並且將睡眠與記憶連繫起來。他們發現，受試者在經歷完整的睡眠階段後，在分辨物體的實驗中會取得更高的得分，當 REM 睡眠階段被剝奪，受試者的得分降低。一夜之間，或一覺之間，認知測試的結果發生變化，那麼一定是睡眠過程中發生的改變。後來，其他研究者的實驗證明，睡眠過程中，重要的不只是 REM 階段，NREM 階段也非常重要。

腦電監測顯示，睡眠是人類的本能行為，雙相睡眠則是人類習慣的睡眠方式。人在中午和夜晚都會想睡覺，相比東方人，西方人午睡少些。在睡眠問題上，人種差異並不明

顯。強行以多相睡眠改變雙向睡眠，一是浪費時間，二是折損了身體機制。調查顯示，睡眠的顛倒會嚴重影響身體健康，日夜倒班的工作，如護理師、工人、捷運檢修人員等，患心血管疾病的機率比作息正常的人高。

多相睡眠會破壞日升日落帶來的晝夜規律，把這種睡眠變成日常的生活方式，人的身體狀態和精神狀態都會變得很糟糕。身體上表現出免疫力下降、頭暈、行動力差，精神狀態呈現出疲憊、緊張、焦慮等情緒反應。當然，也有因為職業要求形成了多相睡眠的人，長期適應下，人類可以做到多相睡眠，但是對身體的損傷非常大。

經過千萬年的進化，睡眠方式已經和神經網路的功能產生了連繫，大腦的功能（如記憶）是和生物節律相關的，因此，想要人為地改變原有的生物節律，創造一個人類自以為有效的全新生理時鐘，成功的機率不大。「達文西睡眠法」是否有效，因個人身體特點、心理特徵不同而異，畢竟每一個人的大腦結構、運轉模式都不同。但是，不建議盲目嘗試「達文西睡眠法」，既然不是天才，就不要輕易效仿天才的玩法，否則，傷身傷腦，得不償失。

第六章

女人的雙性氣質 —— 西蒙波娃

女而男淫者古與今

「女而男淫」出自漢武帝對陳皇后的定罪。陳皇后是中國古代史書記載的第一位女同性戀者。陳皇后本名陳阿嬌，是漢景帝的姐姐館陶長公主的女兒，館陶曾問劉徹道：「徹兒長大了要娶老婆，這些宮女你要哪一個？」劉徹對館陶的意圖早有了解，回答她說，「若得阿嬌作婦，當作金屋貯之也」。成語「金屋藏嬌」便是出自這裡。

有了「金屋藏嬌」的承諾，館陶公主為劉徹保駕護航，助他順利登上了太子之位，景帝病逝，劉徹順利登基，陳阿嬌亦夢想成真，住進金屋，成了皇后，一時嬌貴無比。好景不長，劉徹有了衛子夫後，漸漸冷落了陳皇后。陳皇后為人驕傲、善妒，且身邊沒有子嗣，多次尋死覓活地大吵大鬧，令武帝大為光火。怒火中燒的陳皇后暗地裡算計衛子夫，妄圖對她下毒手，不巧被衛子夫察覺，到武帝跟前告了一狀，從此陳皇后失寵，只能守著青燈冷夜度日。

此為前情鋪墊，高潮出現在衛子夫懷孕之後。陳皇后多次求子不成，花費不小，始終沒有成功，衛子夫懷孕後，她便找了一位名叫楚服的女巫，希望藉助巫蠱之術，詛咒衛子

夫等得寵的妃子。事情敗露後，楚服被伏遭誅，陳皇后被廢黜，退居長門宮，受牽連者達三百多人。陳皇后受到處罰，表面原因是在宮廷內施行巫蠱之術，實際原因是「上聞窮治，謂女而男淫」，即武帝發現陳皇后與扮作男子的女巫同吃同睡，宛若夫婦，大搞同性戀，所以才把陳皇后打入冷宮。

其實漢朝皇帝的同性戀行為不比後宮女性少，而且他們招搖過市，毫不避諱。據史書記載，兩漢共二十五個帝王，有十個皇帝擁有男寵，最著名的當屬漢哀帝和董賢、漢文帝和鄧通了。其他人並非沒有，而是相對隱晦罷了。和達官貴人玩弄「相公」、「小唱」不同，這些皇帝對男寵付出真感情，奉上官位、財富和寵幸。廢掉陳皇后的漢武帝雖是一代擁有宏圖大志的皇帝，前後也養了五個男寵，其中最得勢的男寵韓嫣與武帝同進同出，宛如夫妻。

早在劉徹未登山太子之位時，韓嫣就與他伴讀，劉徹當上太子，兩人關係更為交好，韓嫣善騎射，更善以色邀寵，深得劉徹喜愛。韓嫣還特別會出主意，武帝打算與匈奴開戰，他便去學匈奴的武術和戰術，討得武帝歡心。武帝對韓嫣越來越喜歡，韓嫣亦憑此特殊關係受到諸多賞賜，官至上大夫。和後宮三千佳麗類似，韓嫣也是得寵便跋扈，他喜歡射彈丸，而且要求彈丸是金子做的，每天射彈丸都會丟掉許

多，是故長安流傳一句俗語：若飢寒，逐金丸。

歷代王朝都是男權統治，帝王的同性戀或雙性戀被當作「性喜風流」，多有詩詞文賦讚頌，女子的同性戀行為則被看作大逆不道，有辱尊嚴，因此，歷來女子的同性戀都隱藏在閨閣之中，尤其是皇宮中的女同性戀者。和帝王將相、風流文人的同性戀不同，後人只能從稀薄的史料記載和含混晦澀的文學作品中推知女同性戀的感情與生活。所謂「宮花寂寞紅」，在人的基本權利被剝奪的深宮裡，女人們（宮女和失寵的女人）被迫成了「境遇性同性戀」。

隋唐時期，尼姑、道姑發展進入鼎盛時期，出家為尼、為道姑也成為許多女性尋求性解放的手段。當然，尼姑庵、道觀亦成為淫亂之所，唐玄宗正是利用道觀機會與楊玉環頻頻幽會的。唐朝時期的女道士魚玄機是一位多才多藝的女子，也是一位風流的同性戀者，她創作的那首著名的〈贈鄰女〉就是寫給她的同性愛人采蘋的。魚玄機曾與采蘋一同在道觀修煉，共食同寢，二人時有爭吵，但很快又和好如初。

在古代的文學作品中，如李漁創作的戲曲《憐香伴》、《滿庭芳鄰家姐妹》都描寫了纏綿感人的女同故事，透過文學作品的構築，女同性戀者在情愛上確立了自己的身分，甚至透過二女嫁一男的方式實現了愛情的圓滿。現實狀況裡，她們的生存狀況並不如意 ── 無法擺脫經濟上的從屬地位，

女同性戀者和其他女人一樣，只能選擇依附男子，以與異性結合的婚姻作為最大的依靠。

從記載上看，西方的女同性戀歷史比中國久遠得多。歐洲文化裡女同的始祖是古希臘的女詩人莎芙（Sappho）。莎芙是一位才華出眾的詩人，柏拉圖稱她是繆斯附體，同時，她還是一位與女學生吟唱愛的頌歌的風流情人，從莎芙留下來的詩歌中 ── 據說她寫有十卷之多的詩篇，如今只留下一首完整作品和大量斷章殘句 ── 可以偷窺她的大量隱私。

莎芙出生在貴族世家，童年時在列斯伏斯（Lesbos，Lesbian 一詞由它而來）島上度過，在她生活的年代，列斯伏斯是一個文化中心。物質上的豐盛讓莎芙能夠享受自由和閒暇，在喜愛詩歌的父親的影響下，莎芙很快迷上了詩歌創作。一生當中，她寫過情詩、婚歌、頌神詩、銘辭等眾多類型，她還是第一人描述個人的愛情和失戀的詩人。

因為政治鬥爭，莎芙曾經被逐出家鄉，後又返回。流亡中，她嫁給了一個來自西西里的富商，生有一女。丈夫的去世令莎芙繼承大筆財產，享受西西里島上優渥生活的她開始詩歌創作，作品廣為流傳，回到列斯伏斯時，她已經是一個負有盛名的詩人了。

莎芙在列斯伏斯島上創辦女子學校，教授詩歌、音樂和儀態，許多貴族慕名而來，把他們的女兒送到莎芙身邊。莎

芙的眾多情人就是女子學院中的學生，她多次引誘女學生，有得手，也有失利，她把追求情愛的心情通通寫到詩歌當中，有的寫她與女子神魂顛倒地相愛，有的寫戀人之間的琴瑟和鳴。此外，她的詩歌還涉及女性的日常生活、感情關係及行為習慣，尤其關注女子的美貌。

由莎芙的 Lesbos 發展到 Lesbian 是十九世紀末開始的，而後 Lesbian 成為女同性戀者的專有名詞，中文音譯為「蕾絲邊」。到二十世紀，開始出現 Sapphist、Sapphism，即莎芙主義者、莎芙主義，與「蕾絲邊」通用。

在中國古代的語言中，女同性戀者們有更隱晦、更唯美的稱呼，如「磨鏡」、「對食」、「自梳」等。所謂「磨鏡」，即磨治銅鏡，意思是兩個女子擁有相同的身體結構，好像在對著鏡子耳鬢廝磨。

如今，對女同性戀者的稱呼則更親暱、直白，如拉拉或拉子，隨著女性主義者和女同性戀者的族群發展和對自身權利的爭取，女同性戀者的社會地位和生活現狀與陳皇后時代、莎芙時代有了巨大變化。

西蒙波娃的戀人們

提起西蒙波娃（Simone de Beauvoir），不可避免地會與女權、沙特（Jean-Paul Sartre）、存在主義作家扯上關係，西蒙波娃並未聲稱自己是女權主義者，但她以女權主義者的角度貢獻了女性覺醒的理論巨著《第二性》（*The Second Sex*），她本人拒絕婚姻，選擇不育，與沙特堅持自由開放的愛情模式。由於西蒙波娃在女權運動方面聲勢浩大，使得她的文學天分被淹沒，從文學創作上看，西蒙波娃是一個極致理性的創作者，與感性至上的莒哈絲（Marguerite Duras）正好相反。

在眾多的標籤中，人們常常忘記，西蒙波娃首先是一位女性，一位可能在情感世界裡痛苦、嫉妒、痛哭流涕的尋常女子。西蒙波娃去世十五年後，她與美國情人納爾遜・艾格林（Nelson Algren）的通信集《越洋情書》（*Lettres a Nelson Algren*）出版後，人們發現西蒙波娃本人和她在《第二性》批判的父權統治下的女人沒什麼不同。

從篇篇情書中可以發現，西蒙波娃是一個有著熾熱的感情、幾乎被愛沖昏頭腦的小女人。字裡行間，她完全拋棄了

男女平等的觀念，談吐上以卑微自居，她對艾格林坦言，她願意做一個服從他的女人，任他妻妾無數，她只想成為其中一個。

　　然而，西蒙波娃又不是一般意義上的尋常女子，她並不是對一個男人從一而終的傳統女性，也不會為了愛情放棄個人尊嚴。說起西蒙波娃的情史，女權主義者也會嚇一大跳。她一生擁有無數情人，男人、女人、年長的熟男、年幼的「小鮮肉」盡被她收入懷中。西蒙波娃與沙特之間的超越世俗的愛情模式至今被人們引為典範，她的美國情人、學生情人則成為後人研究這位「雙性戀者」的重要資料。

　　西蒙波娃第一個、也是最重要的情人自然是沙特。沙特，一個猥瑣的斜眼男，矮個子，誇誇其談，憑藉其超人的智慧頭腦成了西蒙波娃的男人，他們接吻、做愛，但是不曾踏入婚姻。在沙特提議下，他們決定實行一種自由的愛情關係：保持這份愛情，同時保留雙方在愛情和性方面的自由，此外，他們還約定要對彼此忠誠，與對方分享豔遇的詳細情節。看似處於弱勢的西蒙波娃同意了這個大膽的提議。

　　一段時間裡，他們開始了「移情別戀」競賽。沙特鍾情於處女，他頻繁與處女上床，之後迅速失去興趣，與此同時，西蒙波娃也在找尋她的偶然愛情。透過哲學教師的資格考試後，西蒙波娃有了一份謀生的職業。和莎芙一樣，教師

的身分為西蒙波娃提供了便利，她將搜尋情人的範圍鎖定在學生族群。她喜歡聰明的、漂亮的學生，女學生奧爾加（Olga Kosakiewicz）很快成了她床上的「肥厚的鵝肝」。

西蒙波娃將她與奧爾加的關係坦誠地分享給沙特，很快，沙特勾引起奧爾加來，不僅如此，他還打起奧爾加的姐姐萬達（Wanda Kosakiewicz）的主意。西蒙波娃、沙特和奧爾加曾有過一段「三重奏」的故事，這段生活被西蒙波娃寫進了小說《女客》（She Came to Stay）裡，只是奧爾加鍾情於西蒙波娃，並沒有成為沙特的情人。後來，奧爾加嫁給了西蒙波娃另一位情人博斯特（Jacques-Laurent Bost）。

博斯特是沙特的學生，西蒙波娃與博斯特的情人關係開始於一次外出旅行的經歷。西蒙波娃並沒有事先預謀，但是事情順理成章地發生了，他們在一起了，鑑於對彼此坦誠的誓言，西蒙波娃將她和博斯特的故事寫信告訴了沙特：「……我和小博斯特已經同床共枕整整三天……我們一起度過田園牧歌式的白天和激情似火的夜晚。」不知道她在用實際行動報復沙特的濫情，還是真誠地踐行著他們的約定，在一口咬定她從未陷入愛情的嫉妒多年後，西蒙波娃終於承認，某些時刻，沙特帶給她的嫉妒曾令她痛不欲生。

西蒙波娃在學校裡的情人中，還有十六歲的比安卡（Bianca Lamblin），她先愛上了西蒙波娃，後來愛上了沙特，當

她發現個人情慾被沙特和西蒙波娃當作「文學素材」後，對他們徹底失望。還有一個叫娜塔莉（Natalie Sorokine）的女學生，金髮碧眼的漂亮女孩，符合西蒙波娃鍾愛菁英主義者的審美品味，不過，娜塔莉除了給西蒙波娃帶來激情，還給她帶來了厄運。由於娜達麗的母親指控西蒙波娃勾引未成年少女，導致她永遠失去了教師資格 —— 丟掉了鐵飯碗。

西蒙波娃和博斯特的情人關係一直延續到她和艾格林相識之後，她、沙特與博斯特醫生都是志同道合的朋友，在長達四十多年的歲月裡，他們互相支撐與扶持。作為眾多偶然之一，艾格林在西蒙波娃的生命中留下了一次刻骨銘心的愛情。去美國講學的經歷讓她結識了艾格林 —— 美國作家，小西蒙波娃兩歲，離異，曾獲得過普立茲獎。由於語言問題，他們交流起來並不順暢，這並不妨礙兩人一見如故，迅速墜入愛河。回到法國後，兩人開始頻繁通信，傾訴思念之苦。

艾格林很快生出與西蒙波娃結婚的念頭，他希望西蒙波娃能留在美國，與他一起建立家庭，西蒙波娃也動過結婚的念頭，但她放不下沙特。西蒙波娃的拒絕讓艾格林大發雷霆，他去結識其他女人，還張羅著與前妻重婚，他們沒有立刻分手，但是分分合合地鬧得不甚愉快，最終艾格林與前妻重婚，西蒙波娃則把他們的關係重新定義為友情。

分開十年後，他們重新見面，兩人平靜了許多，相約一

同旅行。不過，艾格林不能忍受西蒙波娃將他們的故事寫進文學作品的舉動，一氣之下，他把西蒙波娃寫給他的信件全部賣掉，之後又買了回來。事實證明，這份愛情在他們的生命裡有著舉足輕重的地位，艾格林去世時，他身邊還留著三十多年前西蒙波娃送給他的花朵，西蒙波娃也曾遠渡重洋去他墓前探望。西蒙波娃則始終戴著艾格林送給他的戒指，直到入土。

西蒙波娃的另一位情人是《現代》雜誌的主編朗茲曼（Claude Lanzmann），朗茲曼對西蒙波娃表白時，她四十四歲，朗茲曼比她小十七歲，兩人建立情人關係後同居了六年，由朗茲曼提出分手，西蒙波娃接受了他的請求。卡繆（Albert Camus）曾短暫出現在由西蒙波娃、沙特和他的學生組成的「小家庭」中，卡繆甚至和他們身邊的所有年輕女孩有肉體關係，唯獨沒有西蒙波娃。因為他覺得西蒙波娃喋喋不休、賣弄學問、令人難以忍受，《第二性》出版後，卡繆提出了尖銳的批評，說她「敗壞法國男人的名譽」。

西蒙波娃的言論在今天看來並不算石破天驚，在 1950 年代，受過高等教育的女子最好的出路仍然是嫁人的年代，西蒙波娃宣揚的身體自主、男女平等、女人應擺脫父權文化對自身的塑造儼然「一聲怒吼」，遭受許多譴責和打擊時，她以強悍的姿態對抗，用寫專欄、四處演講的方式宣揚「女性

解放」的觀點。在追隨者眼中，西蒙波娃成了勇猛無敵的鬥士，在反對者眼中，她則是瘋婆子，「陰莖崇拜者」。

西蒙波娃給人的形象是堅毅的面部輪廓，一雙藍得透明的眼睛，一手握著菸，一手拿著筆，用乾巴巴的理論字眼教訓他人。西蒙波娃出身落魄的資產階級家庭，家產有限，出嫁未必有豐厚嫁妝，因此，堅持工作是她長期賺取生活費的方式，亦是她作為獨立女性得以不依賴男人、不依靠婚姻的前提。

可以說，西蒙波娃在用實際行動宣揚她的理論，吊詭的是，如此堅定的女權主義者，口誅筆伐地批判男權社會對女性的迫害，爭取女性權益，她本人卻不敢對外表明內心的真實。作為女權運動的宣導者，西蒙波娃打破了許多禁忌，如性冷淡、墮胎合法化，她偏偏不能打破自己的禁忌。一生當中，唯一讓她的「鬥士」頭銜無光的，就是她對自己同性戀身分的否認。

年老時，脆弱的西蒙波娃在面對他人關於「您是否有過同性戀人」的問題時，立刻漲紅了臉，堅決否認道：「……我從未與一個女人有過親密關係。請記住我當然不反對，但此事與我無關。」儘管她知道，女同性戀的被接受程度會在她公開承認自己的同性戀傾向後得到改善，她還是選擇了撒謊。十五年後，她的通信集出版，人們才看到遲來的真相。

如此難免令她的追隨者失望，主張反叛的領導者不能打破自身禁忌，後來人如何有信心聽從她的呼喊。思想家的極限是面對自己，最大的敵人也是自己，西蒙波娃也是如此。

　　儘管拒絕承認同性戀身分，她仍大方地在《第二性》單闢一章來探討女同性戀主題。比如說，女同性戀者通通是荷爾蒙反常的姿態嗎？西蒙波娃這樣說：「我們一般認為，女性同性戀者是一個頭戴氈帽、留著短髮、繫著領帶的女人，她的男人外貌彷彿表明荷爾蒙的某種反常。把同性戀者與「男性化」女人這樣混為一談，是絕大的錯誤。」事實證明，女同性戀者並非「男人化」的女人，「女人化」的男人則絕對是男同性戀者。從莎芙、吳爾芙（Virginia Woolf）、西蒙波娃這些著名的同性戀者也可看出來，女同性戀者在身體結構上仍然是女人，和其他異性戀的女人沒什麼不同。

　　關於女同性戀者的性關係，西蒙波娃這樣討論：「女人之間的愛是沉思的。撫摸的目的不在於占有對方，而是透過她逐漸再創自我。分離被消除了，沒有鬥爭，所以也沒有勝利和失敗。由於嚴格的相互性，每一方都既是主體又是客體，既是君主又是奴隸；二元性變成了相互依存。」

　　後世的女同性戀者將西蒙波娃供奉為神明，許多人不知道，當年她談到「女同性戀」這個詞語時，態度傲慢，言辭不屑，一點都不想和「女同性戀」這個族群沾上邊。西蒙波

娃去世後，女權運動走向更廣闊的空間，女權主義者爭取的內容已經不再是在公共場合發言和控制生育，女性希望在社會上尋求更多政治資源和職業權利資源的分配。

現代女性不再覺得「婚姻是危險的，應廢除家庭，進行集體生活」，反而更渴望家庭。但是進入家庭，又面對自我意志與家庭責任衝突不斷的境地，和無論如何不能離異的年代相比，如今女性面對的是離異過於頻繁、單親媽媽生存和子女撫養問題。

給女人一個新定義

西蒙波娃最廣為人知的宣言莫過於「女人不是天生的，而是後天形成的」。不過，她從一個沉溺於閱讀和思考的倔強女孩成長為論斷「女人是什麼」的女權主義者，前後走過了二十多年的時間。

十九歲那年，西蒙波娃就發表了「獨立宣言」：「我絕不讓我的生命屈從於他人的意志。」父母婚姻破裂、好友札札（Elisabeth Lacoin，小名 Zaza）去世，西蒙波娃更加認定，「婚姻這個枷鎖必然帶來謊言、欺騙和婚外情」。但是在事業上和感情上，西蒙波娃一直多受限制，除了她必須備課、教書為稻粱謀，不能全身心地寫作，籠罩在她頭上的巨大陰影來自她一生最愛的男人——沙特。

《第二性》出版之前，西蒙波娃已經是《女客》、《他人之血》（*The Blood of Others*）、《人都是要死的》（*All Men Are Mortal*）這三部小說的作者，但是沙特的光環太大，他人只把他們看作一體，看不到西蒙波娃區別於沙特的特別之處，不管她如何努力，始終無法擺脫沙特跟班的身分。

在二人的感情世界裡，沙特從一開始便表明了「遍歷

女人」的態度，不知道他是出於大哲學家的風流本性，還是醜陋外表帶來的內心自卑，沙特從年輕到年老，始終風流花心，身邊鶯鶯燕燕不斷。儘管西蒙波娃接受了他的「契約」，且始終表現出大度、不在乎的姿態，任憑沙特風流瀟灑，她還大方地與沙特喜歡的女人交好，實際上，沙特的花心令她非常痛苦。

1940 年代，沙特與多洛萊斯的關係讓西蒙波娃第一次徹底反思他們的關係。去美國訪問時，沙特結識了多洛萊斯（Dolores Vanetti），後來，多洛萊斯去巴黎尋找沙特，為了創造二人獨處的機會，西蒙波娃被打發到郊區。一氣之下，西蒙波娃去了美國講學，在那裡，她遇到了艾格林。二人的愛情關係一度威脅到西蒙波娃與沙特的「契約」。

這段四角戀中，西蒙波娃並沒有占到上風，她被沙特呼來喝去，她的執意離開同時惹惱了艾格林，落得兩頭不討好。得不償失的情愛角逐中，西蒙波娃開始思考她與沙特一起走過的二十多年，她在一段段情愛關係中扮演的角色，同時，她開始思考女人歷來的被動地位。與艾格林交往時，她萌生了創作《第二性》的念頭，衝動慢慢變成了執著的念頭，沙特鼓勵她這麼做，他說：「如果妳是男的，妳的成長經歷就跟現在完全不一樣，妳應該進一步分析這個問題。」

為了寫作，西蒙波娃投入了大量的精力，查閱相關書

籍，在寫作時，西蒙波娃爆發了巨大的能量，漸漸找到了自己的定位——她關注了女性的身分、地位和生存問題，這是沙特並未談論過的話題。作為女人，西蒙波娃顯然比自命不凡的男性更有發言權。

西蒙波娃首先解決的問題是：女人是什麼？她從生物學、精神分析學和歷史唯物主義的觀點討論了這個問題，集合了大量的資料引用和觀點辨析，旨在為給女人一個新的定義。在西蒙波娃之前，關於女人的定義是由男人決定的，如同法國哲學家普蘭‧德‧拉巴爾（François Poulain de la Barre）所說，「但凡男人寫女人的東西都是值得懷疑的，因為男人既是法官又是當事人」。

女人是什麼？有一句拉丁語俗語說，「女人是子宮」，即女人是用腺體思考的，子宮的存在決定了她們的大腦。古希臘神話中的潘朵拉是一位擁有華麗衣衫、嫵媚與誘人的力量和言語技能的女人，但唯獨缺少智慧，所以她的行動都是不經思考的。亞里斯多德說：「女性之為女性，是由於缺乏某種特質，我們應該把女人的特性看作要忍受天生的不完善。」

反過來問「男人是什麼」，從沒有一個人說過「男人是陰莖」。男人首先是「人」，然後是「男人」，如同英語中的「man」或「men」可以代表男人，也可以代表人類，女人卻

首先被當作性別對象，女人從來都是「女人」。

女人「天生缺陷」的說法一直持續到二十世紀初，當時的醫學家認定女性的異常是子宮造成的，「歇斯底里症」（hysteria）的詞源是 hystera，即「子宮」，醫生們認為子宮在女人體內游走，導致幻想、失常等情緒爆發，更有醫生斷言，「高等教育對女人是有害的……大腦發育過甚，將導致子宮衰敗」。

女人是客體，是被看的對象。《荷馬史詩》中最著名的美女海倫是持續十年的特洛伊戰爭的「元凶」，當帕里斯和墨涅拉俄斯決戰時，海倫走上城樓觀戰，特洛伊老首領們竊竊私語道：「就是為了她，這個漂亮絕倫的女人，特洛伊人和阿開奧斯人干戈相向，忍受磨難而毫無怨言……」如今，「特洛伊的海倫」已經成為「紅顏禍水」的代名詞，海倫作為人的特質從未顯現，在男人中間，她的驚人美貌讓她變成了一件物品，一個滿足男人虛榮心的器物，而非一個有感情和思想的人或女性。

基督教中對女人的定義基本和私有制社會建立後的父權下的定義一致。《聖經》中說，女人是男人的肋骨。《聖經·創世紀》記載，神用地上的塵土造人，將生氣吹在他鼻孔裡，他就成了有靈的活人，名叫亞當。神說：「那人獨居不好，我要為他造一個配偶幫助他。」神使他沉睡，他就睡

了；於是取下他的一條肋骨，又把肉合起來。神用那人身上所取的肋骨造成一個女人，領她到那人跟前，那人說：「這是我骨中的骨，肉中的肉，可以稱她為『女人』，因為她是從男人身上取出來的。」

從誕生之日起，男女就展現出不平等，男人首先被創造，女人其次被創造，而且女人由男人的肋骨構成，如西蒙波娃說：「人類是男性的，男人不是從女人本身，而是從相對男人而言來界定女人的，女人不被看作一個自主的存在。」女人的出現是為了男人不必獨居，為了幫助男人管理天上地下的走獸草木，而後，女人受到蛇的誘惑，使得男人墮落……女人的從屬地位和罪孽身分從伊甸園便開始了。

《聖經》還記載，出嫁前，女孩是父親的財產，出嫁後，女人作為母親受到尊敬，但是女人依然生活在父權制下，男人可以一夫多妻，如果女人不育，男人可以休妻。中世紀時期，教會被男人控制，女人想要成為「完美的人」，只能去做修女，修女的生活因受到男權的侵蝕變得沉重而陰暗。進入宗教改革時期，聖母崇拜被禁止，女修道院被關閉，女人的使命變成了生兒育女和男人的伴侶 —— 出於性愛之醫療保健作用的考慮。不論如何，女人一直處在從屬地位，被迫面對不平等和性別歧視。

顯而易見，女人之所以成為女人，不是單純的生物學因

素導致的，而是取決於社會制度和文明。西蒙波娃剖析了女人從搖籃時期開始受到的限制，「她在青春期之前，有時甚至從幼小的時候起，彷彿已經在性的方面顯露不同，並非是神祕的本能直接地注定她是被動的，愛撒嬌的，富於母性；而是因為他人開始就介入孩子的生活，從早年起，她的使命就蠻橫地注入她的體內」。

人們事先設定女人的生活就是為了取悅他人，為了以男性為生命軸心，於是，對女人的培養不是為了建立在培養她們的自主思想上，而是完成她們的自然使命 —— 婚姻和生育。然而，妻子和母親的角色是男人發明出來的，用以否定女人的自由。作為妻子和母親的命運，完全來自男人的強行安置，定義和區分女人的是男人，定義和區分男人的卻不是女人，這才導致女人成為附屬品，男人是主體，女人是他者。

社會要求女人作為他者，作為客體，作為被看的對象。從貌美驚人的海倫到舞會上盛裝打扮的貴族小姐、貴婦人。她們是裝在服飾裡的女人，是服裝的奴隸，外在物質的加持使她不再是一個獨立的個人，而是滿足男性慾望（性慾、窺看慾）的對象。

女人在家裡可以穿著隨便，出門待客卻需要盛裝打扮，這已經成為約定俗成的生活方式。服裝之於女人，代表了

她的生活標準、財富和社交圈子，男人透過服裝表現其超越性，女人透過服裝把自己變作他人眼中的「客體」（object），由此導致女人的服裝從來都不以方便、實用為設計目的，裙子不方便，高跟鞋不利於行走，長裙禮服缺乏現實實用性，長筒襪不舒服且易損壞。多少個世紀以來，女人接受了（情願或不情願地）作為性客體的命運，以服飾裝扮自己，掩飾自己，把身體放在供人觀賞的位置上。

限制女人最嚴重的首當其衝是婚姻制度。婚姻和家庭把女人限制在小天地裡，附加條條道德枷鎖，比如父權制度下的男人擁有釋放、滿足性慾的自由，女人卻必須保持忠貞。西蒙波娃從宗教、教育、環境等方面論述女人何以一步步淪為「第二性」，恩格斯（Friedrich Engels）則從生產力與生產方式的角度說明了女人淪為「第二性」的開始：一切從私有制出現開始。私有制使得女人成為丈夫的私有財產，這是女人從宗教、教育、性等諸多方面受制於人的最終原因。

恩格斯為夫妻給出了定義，一夫一妻制這一看似有關神聖愛情的婚姻制度，起初卻不是因個人情愛因素定下的，而是因為私有制使得大量財富集中於一人，而且是男人，種族延續的本能使得男人希望將財富傳給自己的子女，如此一來，母系社會群婚、走婚等方式不再適合，男人必須清楚地知道所撫養的子女攜帶的是自己的遺傳基因。

　　如同民主政治，婚姻制度並非人類發明的最完美的制度，只是尚未找到更好的制度將其代替，庸庸大眾有何人是思考過婚姻制度的合理性之後選擇結婚的，不過是從眾隨大流罷了。社會學家李銀河分析過，婚姻的本質不過有二，一是為了撫養子女，二是為了財產繼承。如果同居者同樣能撫養子女，財產有更合理的處置方式，婚姻制度的存在便失去意義。

　　一旦婚姻制度消亡，性自由將空前發展。不只是異性戀愛、對偶型的婚戀配置，同性戀、雙性戀者也將獲得自由的翅膀。每個人在多元、自由的環境中選擇符合心意的性愛模式，使得性慾本能與行為自由獲得正式、鄭重的獲取途徑。

　　想要從「他者」成為「主體」，女人需要打破社會成見，從被禁錮的角色中解放出來，追求主觀意識決定的生活。任何事物，哪怕是愛情都不應該成為阻礙女人充分生活、探索世界的枷鎖，在西蒙波娃看來，女人要充分體驗人生價值，就應該拒絕一夫一妻制和家庭限制，她在著作中大聲疾呼，並身體力行地實踐她的理想。

婚姻制度顛覆者

　　婚姻的本質是一紙契約。不管站在神父面前的男女說「我願意娶（嫁給）這個女人（男人），愛他（她），忠誠於他（她），不論貧窮、疾病、困苦都不離不棄，都一生相隨，直至死亡把我們分開」，還是在婚書上寫下「×××與×××簽訂終身，結為夫婦。願使歲月靜好，現世安穩」，婚姻是一份男人和女人在愛的名義下簽下的合約，一份長期契約。

　　婚姻本身是一張契約，而且是終身制的。寫下一紙婚書也好，許下廝守終身的諾言也好，不外乎出於與對方白頭到老的美好願望，婚姻的制度化同時確保了對肉體的合法占領，保障子女撫養和財產繼承。

　　從立法上看，把婚姻當作契約最早見於西元 1791 年的法國憲法，法律承認婚姻是一種民事契約，之後頒發的《拿破崙法典》則肯定了婚姻的契約本質，強調當事人在自願、平等的前提下締結婚姻關係。《拿破崙法典》建立在法國大革命的主要思想「自由、平等」之上，但是許多具體條文並不符合「自由、平等」的精神，尤其在婚姻中的男女權利方

面，完全延續了封建社會的條款，女性未獲得婚姻自由，已婚女性也得不到和男性一樣的權利保障。

向來對婚姻制度缺乏好感的西蒙波娃在人生早期便看透了婚姻的真相，於是，她和沙特建立了一種「契約式婚姻」，如同他們剛相愛沒多久定下的契約那般：雙方保持情人關係，但是不建立家庭，不互相依賴，保持經濟和人格上的獨立，更重要的是，雙方各自保留性自由，允許發展「偶然愛情」。這份契約最初的時限是兩年，兩年過去，他們又延長，直到人生盡頭。

西蒙波娃拒絕婚姻來自她對婚姻制度的不信任。女人的一切活動都需要徵得丈夫同意，女人本身沒有任何屬於自己的權利，這種思想普遍流行在西蒙波娃的童年時代。而且，她過早地經歷家庭變故，讓她看到「婦女要按照丈夫的思想辦事」這一法典規定的荒謬。家庭破產、父親與其他女人有染，母親懦弱地忍氣吞聲，穿著殘破衣裙的少女只能在書籍中尋求心靈慰藉。可以說，父親的不忠和母親的不幸對西蒙波娃的人生道路選擇產生了重要的影響，她反對男人控制下的婚姻觀念。

在二十多歲時，西蒙波娃想像過婚姻生活，在《西蒙波娃回憶錄》中，她描繪了想像中的「理想丈夫」的模樣，「命中注定能成為我丈夫的人，不能是有別於我的一類人，他既

不能比我差，也不超出我許多，他確保我很好地生活，但不剝奪我的自主權。」如果沒有遇見沙特，她可能會和表兄組成一個家庭，生養孩子，過一種資產階級式的婚姻生活。

生活不能假設，西蒙波娃在二十一歲時遇到了沙特，她與沙特的關係不僅建立在情愛上，而且建立在他們擁有的共同理想寫作上 —— 建立在知性、理解、靈魂平等之上的愛情關係，不需要婚姻或家庭的形式來維繫。某種程度上，沙特達到了西蒙波娃對「丈夫」的要求。

在生活上，沙特始終想要建立一個童年時代的理想國，由此，他總是拈花惹草，偶爾搞出一些麻煩來，最後讓西蒙波娃幫他處理。在情感上，沙特無比依賴西蒙波娃，在思想上，沙特則是西蒙波娃的引領者和啟發者，西蒙波娃作品中的存在主義思想基本脫胎於沙特。

關係最親密的時候，西蒙波娃和沙特住在同一間旅館的樓上、樓下，有在一起的時間，同時保留屬於自己的空間，他們的一生都是這麼度過的，從來沒有長期同居過。後來，他們各自在巴黎買了房子，擁有屬於自己的處所，這種相處模式依然沒有改變。

在契約式婚姻之下，他們還建立了一種開放的生活方式。比如：他們不住在某一個固定的地方，而是隨遇而安，最常出入的住處是旅館，從一個旅館到另一個旅館，從巴

黎的旅館到外省的旅館。閒雲野鶴般的生活方式徹底消解了
「家庭」的概念，他們不僅不需要變成朝夕相對的夫妻，還
放棄了固守一處帶來的安全感。

對組成家庭的夫婦來說，金錢是一個重大問題，而且是
最常引起家庭矛盾的問題。在西蒙波娃和沙特之間並不存在
發生「經濟糾紛」的可能，從一開始，他們就說好彼此經
濟獨立，西蒙波娃也以不停地工作實現了她「要像一個男人
一樣度過一生」的願望，當然，有時情況會發生變化，沙特
說：「我們或是兩人都有錢，或是有錢的那個人把錢拿出來
分享，或是分開生活，全看情況而定。」

獨立和自由的相處模式讓西蒙波娃不必扮演傳統女人的
角色：妻子和母親。她不需要為丈夫料理日常起居，也不必
在購物、洗衣和家務中消耗掉生命，他們互相需要，互相尊
重，但僅僅出於愛，出於為了某項事業的共同努力。西蒙波
娃不曾生育，談到這樣的人生選擇，西蒙波娃說她並非對養
育小孩本身感到厭惡，在與沙特的關係中，她沒有生養小孩
的願望。她說：「我並沒有特別的願望去複製一個沙特 ——
他對我已經是足夠了！也不願意複製一個自己 —— 我自己對
我來說也足夠了。」

這一對絕世情人的奇蹟之處在於他們樂觀地面對一生中
的風風雨雨，他們有憂慮的事情，也有要實現的理想，最重

要的是，他們沒有把自己安置在避風擋雨的書齋中，兩耳不
聞窗外事，一心唯讀聖賢書。他們關心政治和社會現實，一
起參加社會活動，創辦雜誌，儘管走過一些錯亂道路，他們
從未放棄作為知識分子的責任。

　　西蒙波娃和沙特建立在契約式婚姻的前提自然是愛情，
更重要的是，他們的愛情是以思想上平等和建立共同事業為
基礎的。五十多年裡，除了情人的角色，西蒙波娃和沙特一
直是事業上的夥伴，他們互相鼓勵、審視寫作，並把作品獻
給對方。他們都是把寫作事業看得無比重要的人，即使沒有
婚姻，他們也是重要的戰友和夥伴。

　　愛情伴隨著占有欲，要求從精神到肉體地占領一個人，
在愛情當中，沒有人能將肉體與精神涇渭分明地區分開。常
理說，愛情是排他的，戀愛階段的男人、女人把所有愛戀傾
注在一個人身上，可是，西蒙波娃和沙特是如何做到泰然處
之，偶爾還能成人之美？在這種開放式的情愛關係、契約式
婚姻中，西蒙波娃快樂嗎？

　　在回憶錄中，西蒙波娃曲折、隱晦地表達了她自我分裂
式的心理活動，她表面大度，心裡忍受著折磨，在回憶錄
中，時不時能看到西蒙波娃因沙特的風流韻事承受的絕望和
迷惘。三十七歲時，她曾把自己關在旅館房間裡，思考這個
沒有婚姻、子女，除了寫作一無所有的女人的命運。她孤

獨，她痛苦，她經受著陣痛，為此，她只能大量創作、不停創作。沙特那一邊，儘管他大多數時候表現大方，甚至為其他男人能給西蒙波娃帶來快樂感到欣慰，面對西蒙波娃的移情別戀，他也經歷了若干妒火中燒的日子。

西蒙波娃與沙特能成為前無古人、震古鑠今的終身伴侶自然有其過人之處。西蒙波娃理性且冷靜，她不會被輕易打敗，儘管沙特讓她無數次傷心落淚，她也曾與大洋彼岸的艾格林鴻雁傳書，西蒙波娃知道，不管是艾格林，還是她的生活，她的創作，都不會在沙特的作品之上，因此她能夠隨時聽從沙特的召喚，哪怕沙特在創作間隙隨時與情人外出度假，她也會勤勤懇懇地幫他修改哲學書稿。她比任何人都清楚，他們是一生的伴侶，她無法徹底離開沙特，而沙特終究會回到她身邊。對此，沙特發表過同樣的看法，晚年時分，沙特說：「大部分情形下，我和西蒙波娃之間的關係是最重要的，而且也一直都是如此。我和其他女人之間的關係，則是屬於次要的層次。」

西蒙波娃一生尋求獨立和自由，一生執迷於尋找愛情。她渴望在精神上獲得放縱，同時對放縱慾望有著極致的追求。西蒙波娃用行動實踐了真正的女權主義，經濟獨立得以擺脫對男人和婚姻的依賴，思想上獨立自主從而達到自我實現的目標。

　　西蒙波娃的另一個偉大之處在於她終其一生地堅持二十歲時的選擇，特立獨行，實踐自己的理想。在契約式婚姻中，她與沙特面對過情愛中的多種選擇，離開後又回歸，生命最終，他們把對方視作不可替代的存在，在事業和愛情上彼此成就。西蒙波娃的養女希爾維（Sylvie Le Bon de Beauvoir）也這樣覺得，她說：「不是因為西蒙波娃選擇了沙特而使她變成西蒙・西蒙波娃，而是因為她是西蒙・西蒙波娃，她才選擇了沙特。」

　　在二十世紀上半葉，西蒙波娃和沙特的契約婚姻並不被人看好，艾格林對西蒙波娃言之鑿鑿的「偶然愛情」嗤之以鼻，在他看來，只有妓女才會用這種方式生活。即便在法國，他們也是特立獨行的反叛二人組。法國是天主教國家，二戰之前的法國人一直遵循傳統的家庭模式，男女相愛的目的是走向婚姻，建立家庭。戰後法國人的觀念發生了變化，許多法國年輕人效仿起西蒙波娃和沙特二人，建立心目中的契約式婚姻，彼此約定互不干涉對方的性自由，可是年輕人往往只學到契約式婚姻的形而不得其神，一言不合便違背了約定，在擺脫婚姻帶來的法律和道德束縛的同時默許自己的放縱，同居也好，契約式婚姻也好，全都無法進行下去了。

　　如今，法國人越來越拒絕婚姻，而傾向於契約式婚姻了。不過此契約不同於彼契約。在法國，越來越多的年輕人

願意以同居的方式共同生活，而不是嚴格遵照傳統的一夫一妻制度。一方面，現代社會非常精采，誘惑多多，年輕人不願意被一紙婚約束縛住，另一方面，法國的法律制度讓離婚變成一件費時費力的拉鋸戰，婚姻結束，兩敗俱傷，對誰都沒有好處。

同居卻讓相愛變得容易，男人和女人因為愛情而生活在一起，愛情變質時，輕輕鬆鬆分手，彼此不必牽絆。一些從失敗婚姻中走出來的人也嘗試用契約式婚姻的方法維繫感情，各自擁有住處，定期相約一起生活，既有個人空間，又有感情生活。從經濟學角度看，兩人一起好過一個人的寂寞，還能互相照顧，節省開支。對摩登男女來說，他們的契約精神不關乎偉大的事業和理想，只是讓生活變得更輕鬆，更便利。不過，這份契約不包括沙特提倡的「偶然愛情」，在非婚姻式的共同生活中，相愛雙方把「忠誠」作為關係維持下去的重要前提。

男人女人性自由

　　了解同性戀族群，首先要從 LGBT 這四個字母開始。所謂 LGBT，即 L（Lesbian，女同性戀者）、G（Gay，男同性戀者）、B（Bisexuality，雙性戀者）和 T（Transgender，跨性別者，即包括性別不適或性別認同障礙）的總稱。如今，LGBT 普遍用來指稱性少數族群。

　　Lesbian，諧音「蕾絲邊」，指女同性戀者，亦稱為拉拉、拉子。Gay，粵語發音「基」與「Gay」相似，普通話便沿用了「基」的用法，用「基」、「基佬」來稱呼男同性戀者。網路用語中的「好基友」、「基情四射」也是來自同性戀文化，現被廣泛應用，引申為關係十分密切的男性朋友。Gay 本來泛指同性戀，包括男同性戀和女同性戀，現專指男同性戀，香港人還發明了一個用於男同性戀者的稱呼——「同志」。

　　Bisexual，即雙性戀，喜歡異性，也喜歡同性，所謂「男女通吃」。歷史上的雙性戀很多見，許多國家的皇帝在維持家室的同時與男性保持同性戀關係。中國古代的富貴階層裡，丫鬟與夫人、侍從與老爺之間的雙性戀關係更是普遍

現象，屬於公開的祕密。奧斯卡影帝馬龍·白蘭度（Marlon Brando, Jr.）就是雙性戀。

Transgender 意思是跨性別者，跨性別者是 LGBT 中最複雜的一個類型。首先，跨性別者並非雌雄同體。所謂雌雄同體，即生理上具有男性的特徵，也有女性的特徵，民間稱其為「陰陽人」。跨性別者生理正常，或者男性，或者女性，但是他們的心理認定的性別與生理性別相反，即生理上的男人認定自己是女人，生理上的女人認定自己是男人。

由於不喜歡自己的天生性別，就有一部分人想要透過後天手段如藥物、變性手術改變性別，這類人稱為 Transsexual，即變性人。中國知名舞蹈家金星是變性人的典型例證，她生來是男性，但是心理上認定自己是女人，透過變性手術，她如願以償變成了女人。Transgender 與 Transsexual 很容易混淆，其實可以這樣區分，拿這位藝術家來說，她在接受變性手術之前是跨性別者，手術之後是變性人。

容易和 Transgender 混為一談的還有 Transvestism，即異裝癖。異裝癖是喜歡穿著異性服裝的男人或女人，由此引起性興奮和性滿足。異裝癖者多為男性，偶有女性，比例較低，他們有時穿戴一兩件異性衣物，或者乾脆完全異性打扮，以獲得生理上和心理上的滿足。雖然異裝癖者給人感覺「娘娘腔」或「男人婆」，但他們是 100％純直男／直女，

他們對自己的性別沒有意見，性取向為異性。許多異裝癖男性在工作中表現出色，家庭生活幸福，只是私藏一個個人怪癖。異裝癖和 SM 都算是奇怪的性偏好。

性取向是天生的，是一個人與生俱來的特質。毋須改變，也無法改變。自從人類意識到同性戀者的存在，就沒有停止找尋同性戀的成因，隨著自然科學、醫學和心理學的發展，醫學家、心理學家和科學家更是不遺餘力地採用先進的研究方法探索這一問題。隨著基因影響性取向的研究大範圍進行，研究者們逐漸排除外在因素影響性取向的說法，開始相信性取向是先天決定的。

1993 年，來自美國的迪恩‧哈默（Dean Hamer）博士帶著他的團隊研究基因對男同性戀者的影響，他選擇了四十對男同性戀者作為調查對象，結果發現，有三十三對兄弟在 X 染色體上具有相同的遺傳標記。實驗結束後，迪恩‧哈默宣布基因的連鎖是影響男性性取向的主要因素。

對迪恩‧哈默的研究成果存疑的心理學家們開展了新的研究，迪恩‧哈默本人也擴大了研究範圍，希望進一步證實他的研究成果。有趣的是，不管是哈默博士本人的繼續研究，還是其他人的調查，都證實了之前的說法，即 X 染色體上存在的某個基因使得男性成為同性戀。

基因造成同性戀只是同性戀的成因之一，大腦構造也會

影響同性戀的形成，不過，對於大腦的哪種結構影響同性戀，研究者們各執一詞。有人認為視交叉上核（位於下丘腦）大小差異區分了同性戀男性和異性戀男性，同性戀者比異性戀者擁有更大的交叉上核和更多的神經元數目。有人認為是胼胝體的大小和杏仁核的結構差異造成了男同性戀者，同性戀男性比異性戀男性的胼胝體大一些。

　　大腦結構的差異和基因的不同決定了一個人在出生之前就擁有了性取向，調查也證明，許多同性戀者青春期時就清楚自己的性取向。既然是天生的，性取向便無法治療，實際上，根本不需要治療。反同性戀組織主張，一個人可以透過藥物治療或宗教信仰的方式改變性取向。結果證明，這些療法不僅不可能生效，而且有害。同性戀並不是病，不需要治療，更談不上治癒。它已經成為人類群體的一部分，從古至今存在著，無法用後天手段改變或消除。

　　維護性取向自由的前提是把所有人，包括同性戀者當作普通人、精神正常的人類來看待。在歷史上，同性戀族群經歷了被迫害、被定罪到被接受、被認可的漫長過程。基督教的教義中有嚴懲同性戀者的記載，男同性戀者被處以監禁、苦役甚至死刑。經過文藝復興，同性戀不再是罪行，但被認為是精神病態。是故，文藝復興時期的同性戀大師們，如達文西、米開朗基羅從未對人提起他們的性取向。

　　到了二十世紀中期，關於同性戀的研究大量問世，「同性戀不是病態」的結論逐漸被人接受。漸漸地，同性戀擺脫了疾病、精神病的汙名。同性戀族群的爭取和人權意識的普遍轉變，使得更多同性戀者能夠站出來為所在族群發聲。

　　2014 年 10 月 30 日，蘋果 CEO 提姆·庫克（Timothy Donald Cook）發表文章公開出櫃，並且坦言，身為同性戀者他感到很自豪。「我從未否認過自己的性取向，但我也從未公開承認過，直到現在。現在我明確宣布：我為自己身為同性戀而感到自豪。我認為身為同性戀是上帝賜予我的最好禮物。身為同性戀，意味著我可以更深入地理解少數族群，我也獲得一個窗口去了解其他少數族群每天需要面臨的挑戰。這讓我更富同情心，同時讓我的生活更加富足。」

　　進入中年後，庫克變成了一個每天五點起床到健身房健身的魅力型男，他從未公開過自己的性取向，但是蘋果公司的同事都知道他的同性戀身分，這也沒有影響他們之間的相處。庫克的出櫃並沒有造成劇烈的社會反響，蘋果的股價微跌不到 1%。美國的科技大老如 Facebook 創始人馬克·祖克柏還為他按讚道：「謝謝你，提姆，你展現了作為一個真實、有勇氣和值得信任的商業領袖的內涵。」

　　說起來，矽谷是一個同性戀盛行的地方，有三分之一的公司中高層都是同性戀，Facebook 聯合創始人克里斯·曉

士（Chris Hughes）和 PayPal 的聯合創始人兼 CEO 彼得·提爾（Peter Andreas Thiel）都是其中一員，而矽谷所在的舊金山地區也是全美國對同性戀最包容的城市。可能是因為矽谷有著開放、包容、多元和尊重個性自由的文化氛圍，不同資歷、年齡、膚色、國籍、性取向的人，只要能力足夠，便可以獲得公平的機會。

2015 年 6 月，美國最高法院裁定同性婚姻在全美合法，使得美國成為繼荷蘭、比利時、西班牙、葡萄牙、英國等國家後第二十一個承認同性婚姻的國家。和裁定同性婚姻合法的國家相比，法律認為同性戀違法的國家有前者的三倍多。根據 BBC 統計，這些國家主要分布在東正教和伊斯蘭教流行的地區，如非洲、西亞及南亞等地，這些國家裁定男同性戀違法。在某些國家，同性戀者一旦被檢舉將面臨死刑的風險。匯集在矽谷的來自全世界的人才中，不少人因為在本國內無法公開自己是同性戀，還要擔心性向曝光後面臨的失業、遭遇暴力執法、入獄等危險，才到矽谷工作。

即使在為同性戀者立法的國家，也存在反對派，使得同性戀者在就業、社會保障等方面受到歧視。如果同性戀者被看作是和異性戀沒有區別的自然人，那麼他們的戀愛、婚姻、就業和性生活就會受到保護，享受與其他人同樣的待遇。

　　所謂性取向的自由，不僅在於承認 LGBT 族群應得的權利，當某一特殊族群處在社會邊緣時，他們作為人的權利就容易受到侵害。此外，還應該改變眾多異性戀者的人權意識 —— 人人生而自由，在尊嚴和權利上一律平等。女人的命運不應該由男人來決定，同性戀族群的命運也不應該由異性戀者來決定。

第七章

一樹梨花壓海棠 —— 亨伯特之愛

亨伯特痴愛蘿莉塔

俗話說，薑是老的辣，酒是陳的香。縱觀影視作品和現實生活，成熟大叔成了女人、女孩的心頭好，大叔和蘿莉組成的「忘年戀」為人稱道，令人豔羨。

話說什麼樣的男人可以成為大叔呢？年齡大概在三十歲到五十歲之間，比毛頭小子成熟，比老頭健碩。由於光陰的歷練，大叔還具有沉穩淡然、遇事不慌、處事不驚的心態，能夠提供強大的氣場和安全感。當然，大叔還必須事業有成，擁有一定的經濟基礎。

如果被天真無邪的妹子叫一聲大叔，無疑是對一個男人人格氣質、個性魅力和經濟實力的由衷讚美。所以說，不是所有老男人都可以稱為「大叔」的 —— 成熟、穩重、儒雅、有氣質的是大叔，敦厚、老實、人畜無害的是師傅，油頭滿面、猥瑣的是油膩的中年人。

那麼，大叔鍾愛的是哪一型的妹子？當然不是母夜叉或者大女人。素來大叔自有蘿莉配，與「大叔控」相對的是「蘿莉控」。「蘿莉」一詞來自蘿莉塔（Lolita）的縮寫，即美籍俄裔作家納博可夫（Vladimir Vladimirovich Nabokov）

寫的那部長篇小說《蘿莉塔》（*Lolita*）中的女主角。如今的「蘿莉文化」中的蘿莉一般在十八歲以下，有著少女的清純天真，同時天生性感魅惑，比同齡人早熟叛逆，喜歡和中年大叔談戀愛。

大叔和蘿莉的標配當屬《蘿莉塔》中的中年大叔亨伯特和妖豔少女蘿莉塔了。小說的主角亨伯特在少年時期失去了戀人安娜貝爾，初戀的夭折使得他的愛戀對象一直處在少女階段。多年來，他一直在尋找生命中的「安娜貝爾」，直到他遇到了朵洛蕾絲（Dolores Haze，暱稱為蘿莉塔）。亨伯特把朵洛蕾絲稱為「小妖精」（nymph），因為朵洛蕾絲和安娜貝爾非常相似。為了接近朵洛蕾絲，亨伯特假意與朵洛蕾絲的母親海斯太太（Charlotte Haze）結婚，沒過多久，亨伯特偷偷寫在日記裡的對朵洛蕾絲的情慾被海斯太太發現，她決定檢舉亨伯特，不巧在寄信的路上出了車禍。

海斯太太去世，朵洛蕾絲失去了監護人，亨伯特以監護人的身分順理成章地占有了朵洛蕾絲，他帶著朵洛蕾絲四處旅行，與朵洛蕾絲發生亂倫關係。在旅行中，亨伯特告知朵洛蕾絲她已經失去了母親，在別無選擇的情況下，朵洛蕾絲只能接受和亨伯特一起生活下去的現實。旅行途中，亨伯特利用零用錢、衣服和食物等方式控制朵洛蕾絲，讓朵洛蕾絲繼續滿足他的慾望。朵洛蕾絲慢慢長大，她開始厭惡亂倫的

生活，她認為「即使是最可悲的家庭生活也比亂倫的烏七八糟的生活要好」，她藉助劇作家奎迪（Quilty）逃離了亨伯特，結束了令她痛苦和不堪的青春歲月。

《蘿莉塔》這部小說出版之初遇到了重重困境，這段中年男子和未成年繼女的「不倫之戀」遭到多家出版社退稿，納博可夫一度想把手稿扔進壁爐燒掉，幸好他的妻子把手稿留了下來。後來，納博可夫把手稿寄到了歐洲，五年後，小說得以出版，不過是在一家出版色情作品的出版社。出版之後，《蘿莉塔》先後被英國、阿根廷等國列為禁書，直到今天，在保守的美國南方小鎮，這本書依然是禁書，根據小說改編的電影也不被允許在當地放映。

雖然亨伯特情意綿綿地形容朵洛蕾絲：「蘿莉塔，我的生命之光，我的慾念之火，我的罪惡，我的靈魂。蘿－莉－塔：舌尖向上，分三步，從上顎往下輕輕落在牙齒上。蘿－莉－塔。」不容否認的事實是，亨伯特和蘿莉塔之間的關係就是一段中年大叔誘拐未成年少女的畸形戀愛，亨伯特則是一個不折不扣的戀童癖患者。

螢幕上的大叔永遠是身兼財富、智慧、成熟魅力的完美情人，現實中卻有另一種大叔的存在，即亨伯特一類。他們並不完美，甚至醜陋和罪惡，被慾望驅使，為了滿足私慾而用盡詭計，他們不是優質情人，也不是安心丈夫，而是以占

有為目的親近蘿莉的變態色情狂。

也就是說，大叔配蘿莉在現實中可能不是一樁美滿的愛情故事，像電影《終極追殺令》中那個面冷心熱、如小男孩一般純真的殺手，與命運不幸的小女孩生死與共，捨命相救，更不是《白兔玩偶》中萌大叔與可愛蘿莉的治癒故事。現實中的大叔在面對小女孩時很可能是滿嘴謊言、滿腦邪念的猥褻犯甚至強姦犯。

亨伯特是一個典型的戀童癖患者。一般來說，戀童癖是以兒童為對象獲得性滿足的一種性變態行為，患者多為男性，也有女性，但是少見。受害者則男孩、女孩都有，年齡從十歲到十七歲不等，也有小於三歲的。戀童癖患者通常年齡在三十歲以上，對成年人的性關係沒有興趣，或者在成年人的性關係中遭受挫折，感到沮喪或憂慮，無法獲得快感，是故，戀童癖患者只以未成年兒童作為滿足性慾的對象。

漢語中，戀童癖有一個美好的名字：孌童。孌即容貌美好的意思，孌童就是美少年。從南北朝開始，孌童被用來專指與成年人發生性行為的男童，舊時達官貴人中的同性戀行為，其對象有一部分是家中所養的小男孩，所謂「妖童美妾，填乎倚室」。

在西方，戀童癖一直和宗教扯上關係，在天主教廷梵蒂岡，戀童癖一直是一個禁忌的話題，然而越來越多的孌童醜

聞曝光後，證明神權系統是戀童癖的重災區。眾所周知，羅馬禮的天主教神父是不可以結婚的，甚至要遵守教義禁慾，可是神父也是人，需要性慾宣洩的管道，而神父最容易接觸和控制的對象便是教會學校的兒童。而且，神父本身便是在年長一輩的戀童癖神父跟前長大的，在性侵兒童時，他們能補償童年時期受到的屈辱，同時獲得滿足感。

和面對成年人的性關係相比，戀童癖患者能夠在與兒童的性關係中占據主導地位，享有控制權。戀童癖患者對兒童的性慾表現多為心理上的滿足優先，而後才是生理上的滿足。他們起初以窺探或玩弄兒童來達到性滿足，性接觸止步在性交之前，隨著接觸頻繁，出現性交要求，有些人還會用上玩弄、折磨等手段。

亨伯特在面對蘿莉塔這個孤苦伶仃、無家可歸的兒童時，並沒有生出惻隱之心，蘿莉塔的孤立無援反而讓他更放心大膽地占有她，即便他承認自己是一個四肢粗壯、氣味難聞的成年人。言語之間，亨伯特充滿懺悔，但在長達兩年的時間裡，他從未停止過在蘿莉塔身上發洩獸慾，事後還把責任推到蘿莉塔、海斯太太和蘿莉塔的初夜對象查理身上，裝出一副身心受害的無辜模樣。

他雖然沒有虐待、毆打過蘿莉塔，但是極盡控制，妄圖把她鎖在身邊，不讓她和其他異性接觸，他還幻想與蘿莉塔

生出一個小蘿莉塔，然後又可以擁有小蘿莉塔，之後再生一個小小蘿莉塔……這位變態的戀童癖患者，僅是想像已經令人頭皮發麻，可謂恐怖。

掙扎於疾病與罪惡

戀童癖屬於性犯罪的一種，和露陰癖、窺淫癖等相比，戀童癖的傷害性更大，影響更惡劣。畢竟，戀童癖者侵害的是兒童，不僅會在生理上對兒童造成傷害，還會影響兒童的心理健康發育。戀童癖患者可惡可憎又可恨，可是，如果把他們當作人來看待，戀童癖患者的人生本身就是悲劇。

根據研究者的分析，戀童癖通常分為三種類型，即未成熟型、退化型和攻擊型。未成熟型戀童癖患者由於無法與同齡人建立正常的性關係，只能在兒童身上找到舒適感，不過，這類型患者對兒童的性行為只停留在愛撫上，不一定發生實質性的性關係。比如：有些戀童癖者在兒童或少年時期嘗試過男女性愛，但是受到了外界的干涉和阻止，使得性衝動一直停留在那個年齡層，成年之後，這種衝動則指向了兒童。

退化型戀童癖患者一度可以與同齡異性發生性關係，後來由於在成年人的性關係中受挫，才將性衝動對象轉向兒童。這類人通常失業、失戀或婚姻失敗，在個人生活中屢受挫折，對兒童的性行為是他們釋放壓力和補償挫敗感的手

段。他們選擇兒童的原因並不是只對兒童有興趣，而是兒童年幼無知容易控制。

攻擊型戀童癖患者是只對兒童產生性慾望的患者，他們無法從正常途徑獲得性滿足，除了小孩子，他們對成年人的性生活並不感興趣。因此，攻擊型患者也是最危險、最可怕的一類人，他們為了滿足一己私慾，採用多種方式與兒童發生性關係，伴有暴力和虐待，如在性行為過程中使用刀子、鐵管、皮帶等，性行為帶有攻擊性，這樣往往造成受害者受傷，身心痛苦。

戀童癖者並非用強姦的方式獲得性滿足，他們會用與兒童一起玩耍，帶他們去電影院、公園、遊樂場等方式獲得兒童的信賴，建立信任關係後，再用關切的、友好的方式開始身體接觸，由於這個過程循序漸進，大多數兒童並不會反抗，也不會掙扎，當觸碰、撫摸的目的達到後，他們就開始進行下一步。

任何一起變童犯罪都是一個漸進的過程，戀童癖者難以自制，如果過程中沒有外界干預，受害者可能被多次侵犯，少則二十次，多則上百次。調查顯示，戀童癖者更青睞男孩，在以往的變童案件中，受害者中男孩的數量是女孩的一倍多。戀童癖者之所以選擇男孩，有多方面的原因。首先，在傳統觀念中，女孩可能是性犯罪的受害者，男孩則相對安

全，男強女弱的觀點定勢使得許多男孩在遭遇性侵之後，並不會主動尋求幫助或心理治療。更可怕的是，許多戀童癖者在兒童時期遭受過性侵害，這種經驗非常複雜，這些人成年後比未曾遭遇過性侵的人更容易形成特殊的偏好。

實際上，許多成年人從小就知道自己的特殊偏好，出於羞愧之心，很少有人會主動尋求心理治療，一般的想法認為，「等長大了，結婚成家就沒事了」，誰知道到了成年階段依然無法改變。因此，接受治療的戀童癖者多是因為犯罪被迫接受治療，也有被家長發現「特殊癖好」的未成年人。

在生活中，如何辨識戀童癖者呢？壞人不會在額頭上寫著「我是壞人」，戀童癖患者當然也不會四處宣揚自己是戀童癖。戀童癖者往往不是人們想像那樣，站在柵欄的一邊，色瞇瞇地盯著學校裡的小男孩或小女孩，面色猥瑣，窮凶極惡。戀童癖者多在人格上表現出不成熟的個性，害羞靦腆，不善於與人相處。當然，也有一些戀童癖者是成功的男性，成家立業，子女繞膝。

戀童癖者不一定有特殊的職業、人格或體型，他們可能是衣冠楚楚的上班族，也可能是才華橫溢的藝術家，除了對兒童感興趣之外，他們還對登山、游泳、打籃球感興趣，貌似心地善良，性格可愛。也就是說，戀童癖者並沒有顯著的區別於正常人的特徵。

從資料上看，戀童癖者多為男性，受害者也是男孩居多，除了一部分人幼年時期受到過類似的傷害，也有一部分罪犯患有精神疾病，如人格障礙。至於同性戀者比異性戀者更容易猥褻、性侵兒童這一說法，很可能只是人們對同性戀者的偏見，沒有資料證明這一點，異性戀者和同性戀者猥褻、性侵兒童的可能性是一樣大的。

和強姦案件一樣，30%的性虐待兒童案件發生在家庭成員之間，60%是受害者熟識的非家庭成員所為，也就是說，兒童到野外郊遊並不比待在學校或家裡有更大的被性侵的機率。多數情況下，戀童癖以鄰居、老師、神父、保母或叔伯、表兄等身分藏匿在受害者身邊，由於熟識，很容易獲得兒童的信任，因此更容易得手。

針對戀童癖者的犯罪，除了把他們當作罪犯，用監禁的方式嚴懲，還應該把他們當作病人。從入獄開始，心理治療便與監獄服刑一同進行，或者配備專門的醫生上門治療，或者押解到相應機構針對性地治療。監禁期滿，社工便應該介入，配合身心科醫師對其進行出獄後的治療。

一般情況下，針對戀童癖的治療有藥物治療和心理治療兩個方面。藥物治療主要是控制患者的性衝動，即用抗雄性激素降低血清睪固酮，從而限制戀童癖者的性慾。心理治療則重在改變患者的認知，更要開展家庭治療，讓患者的家人

參與其中，讓患者本人和家人了解到，戀童癖是一種疾病，需要長期治療。

也可以用厭惡療法，讓患者重演自己的戀童行為，比如對兒童或兒童模型產生性衝動，同時對其施以懲罰性刺激，造成患者的身心痛苦，從而形成條件反射，令其不再對兒童產生邪淫的念頭。電療刺激、肌肉注射催吐劑等方式也會破壞戀童癖者的病理條件反射，反覆強化後，戀童癖者的行為模式會發生變化。

日式小蘿莉卡哇伊

《蘿莉塔》是世界各國蘿莉文化的始祖。1970年代，歐美刮起蘿莉風潮，1990年代，蘿莉文化進入日本。日本的蘿莉文化首先展現在服飾上，年輕女孩身著帶有蕾絲花邊的服飾做可愛的扮相，逐漸改變了日本年輕人的審美觀。隨著漫畫產業的發展，蘿莉文化與ACG連繫起來，風靡全日本，甚至整個亞洲。在民間，全國民眾追捧蘿莉，國民美少女大賽在各地舉行，年齡不超過十四歲的少女成為男女老少喜愛的「國民偶像」。

對日本來說，蘿莉文化儘管是舶來品，但是與日本文化有著相當高的契合度。日本最早的神話傳說便有對美少女的讚美，如「喜哉，遇可美少女」。據《源氏物語》描寫，貴族家庭喜歡聚集美麗的少女，貴族、武士等也喜歡娶年幼的女孩為妻，豐臣秀吉和德川家康都曾娶過年紀幼小的女子，要說對蘿莉持鍾愛之情的男子，當屬《源氏物語》中的主角光源氏，他把蘿莉紫姬養育成人，親自調教，把她培養成自己喜愛的樣子，可謂一出費盡心思的「蘿莉養成記」。

光源氏是天生的風流男子，到處追逐美人，既和女僕上床，又和繼母相戀，他在山中小廟初見十歲的紫姬，因其相貌酷似光源氏戀慕卻不能相見的藤壺，遂心生愛意，收她做了「女兒」。雖是女兒的年齡，實則是妻子的身分，紫姬的乳母多次提醒說，光源氏是她的丈夫。不過，光源氏不曾對她有非禮之舉，而是溫柔地哄勸她，調教她，待正室妻子葵姬去世後，才把她納為側室。紫姬年幼時天真爛漫，有才華，有相貌，而且非常聽光源氏的話，正如光源氏所說：「從幼年起，無論何事，凡我心中不喜愛的，她從來不做。」不過，光源氏的風流和控制欲也讓紫姬妒忌、痛苦，早早去世。

外形上，可愛蘿莉和哥德式蘿莉有些差異，標準蘿莉、愛麗絲式蘿莉和 High 蘿莉則存在年齡上的差距，標準蘿莉基本在十二歲到十五歲，愛麗絲式蘿莉則在七歲到十二歲，High 蘿莉在七歲以下。現代日本社會的蘿莉文化不包括「養成」的部分，更不會在蘿莉上限制。1980 年代，曾經要求蘿莉是保留少女特徵的一定年齡的女性，如今，年齡並非界定蘿莉的唯一條件，而是更加強調具有少女特質的衣著文化。

蘿莉們在衣著上模仿歐洲的巴洛克文化、洛可可文化，英國維多利亞時期的服飾以及日本傳統的宮廷服飾等。籠統來看，蘿莉衣著可以分為三個系列：

○ 其一是甜美可愛的蘿莉。女孩子穿著帶有白色、粉紅色
和碎花的蕾絲、蝴蝶結的服裝，扮演公主、洋娃娃的形
象，突顯兒童的可愛和天真。

○ 其二是古典蘿莉，這類蘿莉的裝扮以成熟、高雅為主，
通常以鮮花造型為主題，使用白、黑、酒紅、湖藍、咖
啡等深沉柔和的顏色，帶有法國式的腰身。

○ 其三是哥德式蘿莉，裝扮以黑白為主，加入宗教元素如
十字架、蝙蝠等，營造神祕、怪誕的氣氛。

除此之外，蘿莉類型還有水手蘿莉、海盜蘿莉、和風蘿
莉等。總而言之，服飾上的裝扮並沒有統一的定式，只要精
神氣質永遠在表現少女特質就對了。

蘿莉具有萬變不離其宗的代表性特徵，如大大的眼睛，
可愛的造型，更重要的是，她們都是介於女孩與成熟女人之
間的學生形象，嬌小可愛，天真爛漫，如果再加一點天然
呆、自然萌，就會更受歡迎了。

在日本，很多男人有「蘿莉情結」，對身穿制服的女中
學生非常著迷，為此，針對男性的產品廣告多以身著傳統制
服或校服的女學生為主角。夜總會、俱樂部也會有身穿水手
服、專門扮作女學生的陪酒女郎與客人一起喝酒、玩遊戲。
許多成年男性聲稱，他們只是喜歡二次元的蘿莉，對三次元
的蘿莉沒興趣。也有人說，他們只會遠遠望去，並不會真的

動手動腳。儘管如此，日本的「蘿莉控」怪蜀黍還是被看作「變態」。

日本人中「蘿莉控」比較多的另一個社會原因是日本的兒童色情法規制定得比較晚，在 1995 年之前，販賣兒童色情產品是合法的。即使今日，日本的兒童色情法規依然無法控制兒童色情產品的生產和傳播。

蘿莉文化是一種充滿性暗示的文化，蘿莉利用衣著刺激「蘿莉控」的性慾。一部分主導蘿莉文化的產品，如漫畫、影像劍走偏鋒，和色情業扯上關係。色情出版物中不乏穿著暴露的兒童照片，以及一些帶有兒童色情或性暗示的圖片，描繪未成年人的色情漫畫和 DVD 在商店隨手可買，日本有很多女中學生從事「援助交際」，其原因也是社會主流尤其是男性對「學生蘿莉」的喜愛，期間不乏未成年人性侵案件的發生。

此外，包括蘿莉文化在內的虛擬文化不斷發達，還導致日本家庭的夫妻之間的無性婚姻。虛擬文化發達，使得日本人傾向於在虛擬世界中與人進行對話，或者在幻想中與人對話，在現實生活中反而失去了與人交流的能力。

這裡還有一個悖論，日本的性文化產業發達，愛情賓館隨處可見，年輕人對性行為的態度輕鬆隨意，另外一方面，夫婦之間的性生活卻嚴重匱乏。在歐美國家，四十歲以

上的女人成熟富有魅力，日本男人卻恰好相反，他們對超過三十五歲的女人沒有興趣，而是痴心喜歡蘿莉，少女漫畫、少女動漫中的年輕女孩甜美可愛，常能治癒被生活、工作、家庭壓得喘不過氣來的大叔們。

由於日本特殊的「男主外，女主內」的社會結構，在日本女人看來，丈夫可以出軌但絕對不可以失業，因此丈夫是否沉溺於二次元世界並不是婚姻中的最大問題。女性將育兒持家作為轉移精力的方式，默默忍耐，或者乾脆做「晝顏妻」（指在白天進行外遇的已婚女性），用婚外情的方式彌補婚姻中的不滿。

儘管蘿莉文化風靡，日本國內也不是一面倒地支持蘿莉文化。有作家表示，蘿莉文化中透過部分裸露或性暗示取悅男性的傾向，實際上早已偏離了「少女之心」，更顯得功利、輕浮、廉價。如果蘿莉的衣著以自己為本位，完全是以女性視角來訂立時尚標準，才是取悅自己，而不是取悅男人。那樣的話，蘿莉文化不僅會變成一股服飾潮流，還會變成年輕女孩表達價值取向和自我意識的方式。

大叔與蘿莉的搭配

　　好萊塢著名導演伍迪·艾倫（Woody Allen）在電影領域成就多多，他多次獲得奧斯卡金像獎提名，獲得過最佳導演、最佳男主角和最佳原創劇本等多個獎項，作為一個最有知識分子氣質的電影導演，他還有另外一個名號——「戀童癖」嫌疑人。

　　事情緣起他與前女友米亞·法羅（Mia Farrow）的養女迪蓮·法羅（Dylan Farrow）。迪蓮·法羅在報紙上發表公開信，指責伍迪·艾倫在她七歲時對她進行性侵害。迪蓮·法羅在公開信中寫道：「當我七歲時，伍迪·艾倫牽著我的手帶我到二樓一個昏暗的閣樓，他讓我俯著躺下玩我弟弟的火車模型，然後對我進行了性侵害⋯⋯他一邊猥褻我一邊跟我說話，低語著我是一個好女孩，而這是我們兩個之間的祕密。他還承諾我們會去巴黎，我會成為他電影裡的明星。」迪蓮·法羅的指控並沒有獲得法律的認可，伍迪·艾倫本人也予以否認。不過，在伍迪·艾倫的人生軌跡中，他何以引來「戀童癖」的指控呢？

　　早在伍迪·艾倫與前女友米亞·法羅分手時，米亞·法羅

便斥責他虐待養女，說他有戀童癖，許多年來，米亞‧法羅談到伍迪‧艾倫都是一副水火不容的架勢。1980 年，伍迪‧艾倫與米亞‧法羅開始交往，在此之前，兩人都有過婚史和複雜的情史，在米亞‧法羅的八個孩子中，有三個是她和前夫生的，還有五個領養的小孩。與伍迪‧艾倫在一起後，他們又收養了兩個孩子，包括養女迪蓮‧法羅和養子摩西‧法羅（Moses Farrow），兩人還共同撫養著韓國裔的宋宜‧普列文（Soon-Yi Previn）——米亞‧法羅跟前男友安德列‧普列文（André Previn）的養女。此外，艾倫和米亞還生了一個兒子羅南‧法羅（Ronan Farrow）。

宋宜是一位來自韓國首爾的孤兒，被人領養過，也在孤兒院生活過很長時間，從七歲開始成為米亞‧法羅的養女。在美國，她接受了教育，拿到了學位，交到了朋友，還到歐洲去旅行，當然，最重要的是，她現在是大導演伍迪‧艾倫的妻子。

宋宜初次進入伍迪‧艾倫的生活時，還是一個九歲的小女孩，與伍迪‧艾倫相差三十五歲，算是某種程度上的父女關係，可以說在最開始的幾年裡，伍迪‧艾倫在她生命中扮演的是父親的角色。十年後，年滿十九歲的宋宜成為伍迪‧艾倫的情人，而他已經是一個年近花甲的老人。

二人的情事以頗為尷尬的方式公布於眾。1992 年，米亞‧

法羅在收拾東西時發現了裝有宋宜裸照的盒子，伍迪・艾倫與宋宜的私情被徹底掀開，米亞・法羅開始與伍迪・艾倫打官司。官司斷斷續續地打了兩年，法官判定米亞・法羅針對伍迪・艾倫虐待養女的指控沒有充分證據，不能成立，不過，伍迪・艾倫被認定為「不可信賴、麻木不仁」的傢伙。伍迪・艾倫失去了三個孩子的監護權，而且必須在社工陪伴下才能探視親生兒子。1997 年，伍迪・艾倫與宋宜結婚，二人的關係正式從「父女」變為「夫妻」。

不曾獲得法律上的裁判，伍迪・艾倫時常惹來道德上的指責。比如：當伍迪・艾倫請人代領金球獎終身成就獎時，他與米亞・法羅的兒子羅南・法羅諷刺他是因為「忙著跟自己的養女亂來」，所以沒有時間參加頒獎典禮。父親節時，羅南・法羅也會拿伍迪・艾倫娶了養女的事情諷刺一般，比如祝福他「父親節快樂 —— 或者說，姐夫節快樂」。對法羅的孩子來說，眼看著父親娶了姐妹是一件奇怪的、難以接受的事。

很多藝術家都是有著怪異性格的天才，其中不乏特殊性偏好者，例如：英國藝術家埃里克・吉爾（Arthur Eric Rowton Gill）曾經虐待過未成年的少女，還和他的姐妹有著亂倫關係。作家威廉・高汀（William Gerald Golding）曾經強暴過一個十五歲的小女孩。羅馬尼亞裔法籍女攝影家伊蓮娜

（Irina Ionesco）是一位以女兒為攝影對象的情色攝影師，她的女兒常被她打扮成妖精或妓女的形象，在鏡頭前擺出成年女性的性感姿態，為此，這個小蘿莉成為一眾怪蜀黍追捧的對象。

目前為止，唯一因「戀童癖」受到巨大名譽損失的藝術家只有麥可・傑克森，他曾在 1993 年和 2003 年兩次遭到指控，但都因證據不足，並未被宣判。其中一件案子在他去世後被證明是一次出於金錢目的的誣告，而在真相不明的十多年裡，麥可・傑克森佩戴著榮耀皇冠的同時，承受著無窮無盡的惡毒謾罵。和麥可・傑克森相比，下面這位有更大「戀童」嫌疑的大叔則太平多了。

卓別林，這個名字全世界人都不陌生。他是電影明星，是喜劇之王，是絕無僅有的藝術大師，與此同時，他還是一個在愛情之路上尋尋覓覓多年的浪子，終其一生，卓別林沒有停止對年輕女性甚至是未成年人的追逐，一生與九個女人的愛恨情仇當中，卓別林唯一執著的便是這一點，這也成為他遭受批評的原因之一。

在電影世界裡，卓別林永遠是一個穿著背帶褲，腳蹬大皮鞋，手拿一根文明棍，頭戴圓頂禮帽的流浪漢。嘴上長著一撮小鬍子，腳下邁著鴨子步，可愛又可笑，可悲又可嘆，無論如何掙扎，始終逃不過被損害被侮辱的命運。

在現實中，卓別林也曾如流浪漢一般生活過，成名後，他一直在努力消除童年時期的貧窮、父母的離異、母親的精神病帶給自己的屈辱。在搞笑幽默背後，卓別林把他的恐懼放在了一部接一部的電影作品中，和對一個又一個年輕女人的追求上。

卓別林的初戀女友名叫海蒂·凱利（Hetty Kelly），是一位舞蹈演員，他們相識時，卓別林十九歲，凱利十五歲。他們先後登臺演出，卓別林對凱利一見鍾情，繼而瘋狂地愛上她，很快，卓別林便向凱利求婚了，可惜遭到了拒絕。等凱利同意嫁給卓別林時，他又後悔了。不懂愛情的初戀就這樣夭折了。

卓別林的第二個女人是他的第一個女主角埃德娜·珀維安斯（Edna Purviance），比卓別林小六歲。珀維安斯原本是速記員，被卓別林邀請來拍電影，並成為女主角。而後，珀維安斯出演了卓別林許多部電影，如《漫漫長夜》、《孤兒流浪記》、《巴黎一婦人》，她還客串了卓別林最後的兩部美國電影《維杜先生》和《舞臺春秋》。雖然他們的情人關係只維持了兩年，但珀維安斯一直都受僱於卓別林，直到她去世，卓別林還在發薪水給她。

二十九歲那年，卓別林第一次結婚，新娘是十六歲的童星米爾德麗德·哈里斯（Mildred Harris）。兩人是未婚先孕，

由於哈里斯未成年，卓別林只能盡快結婚以掩蓋一齣嚴重的醜聞。卓別林和哈里斯有一個孩子，名叫諾曼‧卓別林，可惜這個孩子出生才三天就夭折了。不到兩年，卓別林與哈里斯離婚。離婚時，卓別林指責哈里斯與女演員有同性戀關係，哈里斯則指責卓別林嗜性成癮。

在與麗泰‧格雷（Lita Grey）結婚之前，卓別林與女演員寶拉‧內格里（Pola Negri）有過一段公開的情人關係，他們的感情時好時壞，最後在九個月後結束。幾年後，卓別林準備拍攝《淘金記》，與十六歲的麗泰‧格雷發生了關係，女方懷孕，因為擔心被控強姦，卓別林帶她去了墨西哥，兩人很快結婚，卓別林當時三十五歲。

其實卓別林與格雷早已經相識，卓別林初見格雷，那時他在拍攝《孤兒流浪記》，後者僅七歲，五年後，卓別林為她在《孤兒流浪記》中量身定做了一個角色。卓別林與格雷生了兩個孩子，小查理‧卓別林（Charles Chaplin, Jr.）和雪梨‧厄爾‧卓別林（Sydney Earle Chaplin）。四年後，卓別林又迎來了離婚，格雷控告卓別林婚後不停地出軌，而且虐待她，為此，卓別林被判支付給格雷 82.5 萬美元的贍養費，此外，他還要付 100 萬美元的律師費。這個創歷史紀錄的數字讓卓別林一夜之間白了頭。

根據納博可夫的傳記作者調查，卓別林與格雷的這段婚

戀故事很可能是《蘿莉塔》的原型，或者說，這個故事給了納博可夫創作的靈感。格雷的經歷和蘿莉塔有些相似之處，麗塔·格雷的真名莉莉塔·麥克默里（Lillita Louise MacMurray）與蘿莉塔（Lolita）也非常相似，而且，小說中還提到「灰色眼睛」、「灰星小鎮」等關鍵字，格雷（Grey）的本意是「灰色」。

　　結束了一段損失慘重的婚姻，卓別林沒有著急步入婚姻。他與女演員寶蓮·高黛（Paulette Goddard）保持著工作夥伴和情人關係。高黛出演了《摩登時代》和《大獨裁者》的女主角。兩人的情人關係持續了八年，八年裡，高黛大部分時間住在卓別林在好萊塢貝芙麗山的家裡。告別之前，還引起了一場關於是否曾經祕密結婚的討論。和以往的狗血劇情相比，這一次他們的關係結束得很友善，高黛拿到了一筆贍養費。

　　最後一段愛情，卓別林的女主角變成了劇作家尤金·歐尼爾（Eugene O'Neill）的女兒烏娜·歐尼爾（Oona O'Neill Chaplin）。結婚那年，卓別林五十四歲，烏娜十八歲。這幸福來臨之前，還有一段不和諧的插曲。與烏娜相識前一年，卓別林與一位名叫瓊·貝瑞（Joan Barry）的女演員有過短暫的浪漫關係，卓別林許諾她一部電影的女主角，之後，貝瑞開始糾纏不休，並且表現出精神病態的症狀。

　　兩人分手後一年，貝瑞生下一個孩子，之後向法庭控訴說那是卓別林的孩子，儘管血液測試證明卓別林並非孩子的父親，由於當時法庭不採納證據，卓別林不得不接受判決，每個月支付撫養費給那孩子，直到孩子長到二十一歲為止。第二年，新通過的法律承認血檢可以作為證據，針對卓別林的指控才被撤銷。

　　在卓別林的人生中，烏娜是一個帶著光環出場的奇女子。和卓別林的貧寒出身相比，烏娜可謂天之驕女，她的母親是一位小說家，父親是劇作家、諾貝爾文學獎得主尤金·歐尼爾，在嫁給卓別林之前，她的男朋友是《麥田捕手》（*The Catcher in the Rye*）的作者沙林傑（Jerome David Salinger）。當然，烏娜本人也是一個溫文爾雅的美麗女人，而且，她沒有遺傳到父親酗酒成性、風流多情的基因，在母親的教導下，她成長為一個面龐典雅、性格溫柔的可愛女人，被人們譽為美國二十世紀最美麗的女人之一。

　　正因如此，卓別林與烏娜之間的結合遭到了周圍人的反對。卓別林的孩子不滿父親迎娶的繼母過於年輕，尤金·歐尼爾在得知二人偷偷結婚的消息後，徹底與烏娜斷絕了父女關係，直到去世，他沒再與女兒說過一句話。前男友沙林傑則在他的小說中羞辱卓別林：「他就是那麼一個小個子，永遠被大個子追，永遠也追不上女人。」

　　外界阻力多多，這段忘年戀卻成為卓別林生命中最長久、最真摯的一段感情。婚後，兩人生育了八個孩子，包括三個兒子和五個女兒。卓別林去世後，烏娜又活了十四年，由於對卓別林思念不已，烏娜開始酗酒，後死於胰腺癌。

　　在婚姻和固定的戀情之前，卓別林一直在尋找十四歲左右的女孩，在他看來，「人生最美好的形態是剛步入青春期的少女」。當年，卓別林聽聞初戀情人凱利死於西班牙流感後一度陷入崩潰，不知凱利的死亡是否葬送了他的年少愛情，進而誘發他對少女的迷戀。

八十老翁十八娘

說到翻譯中的信達雅，一些外國電影名字的翻譯可謂驚豔。比如 *Ghost* 翻譯為《第六感生死戀》，*Gone with the Wind* 翻譯為《亂世佳人》，這些譯名既簡潔明瞭，又提示了電影的主旨，譯得令人拍案叫絕。1997 年，導演阿德里安・萊恩（Adrian Lyne）繼庫柏力克（Stanley Kubrick）之後再把小說《蘿莉塔》搬上了螢幕，譯到香港，這部電影有了一個非常有趣的名字 ——《一樹梨花壓海棠》。

「一樹梨花壓海棠」語出蘇軾的一首詩，全詩為：「十八新娘八十郎，蒼蒼白髮對紅妝。鴛鴦被裡成雙夜，一樹梨花壓海棠。」這首詩是蘇軾為了調侃他的好友張先所作。話說，張先是北宋時期的著名詞人，曾任安陸縣的知縣，人稱「張安陸」。張先於天聖八年中進士，官至尚書都官郎中。晚年退居杭州，與梅堯臣、歐陽脩等人是好友。蘇軾那時在杭州做通判，與張先建立了忘年交。

張先沒有經歷過宦海的起起落落，一生道路平坦，生活富貴，他性愛詩酒風流，是北宋詞壇上最長壽的詞人，也是最花心的詞人。到了晚年，張先耳聰目明，在家裡蓄養歌

女，還和官妓交往，為其作詩賦詞，歸隱多年，張先依然妻妾成群，八十歲那年，他又娶了一房小妾，對方年僅十八歲。張先以此為榮，大擺筵席招待賓朋。

婚宴上，張先作詩道：「我年八十卿十八，卿是紅顏我白髮。與卿顛倒本同庚，只隔中間一花甲。」蘇軾旋即回作一首，調侃道：「十八新娘八十郎，蒼蒼白髮對紅妝。鴛鴦被裡成雙夜，一樹梨花壓海棠。」這首雖是打油詩，但是形象貼切，詼諧幽默，尤其是結句「一樹梨花壓海棠」，可謂點睛之筆，梨花是白色的，海棠是紅色的，蘇軾把頭髮花白的老翁和嬌豔欲滴的嬌娘比喻得恰到好處。此後，「一樹梨花壓海棠」成了老夫少妻、老牛吃嫩草的委婉說法。

話說，張先在娶了這位小妾之後又活了八年，八年裡，小妾為他生下兩男兩女。張先對娶小妾似乎有著固執的偏好，八十五歲那年，他又娶了一房小妾，蘇軾聽說後，作詩〈張子野年八十五尚聞買妾述古令作詩〉送給他，其中一句道：「詩人老去鶯鶯在，公子歸來燕燕忙。」張先看到後為自己辯白道：「愁似鰥魚知夜永，懶同蝴蝶為春忙。」說自己沒有老婆，夜裡寂寞，只好娶小妾做伴。人生七十古來稀，張先活到了八十九歲，是古來文人中頗為長壽的一位了，他一生共有十個子女，最大的兒子和最小的女兒相差近六十歲。

　　話說，如果所娶女子只有十二三歲的話，如此「大叔配蘿莉」也有變童的嫌疑，不過，更多情況下的「老少配」、「老夫少妻」是綜合人類演化、男女生理心理差異和社會財富分配等諸多因素的男女組合，他們的結合並不能簡單地用「因為愛情」來解釋。

　　「老少配」不是現代人的專利，在古代「老夫少妻」已經大有人在。前面提到的張先是典型的一例了。古代帝王的後宮裡，小媳婦一抓一大把，六十多歲的漢武帝在外出巡狩時娶了不到二十歲的鉤弋夫人；楊貴妃在嫁給唐明皇之前是他的兒媳婦，兩人相差三十多歲，皇帝設計納她為妃，從此嘆春宵苦短，不願早朝。反過來看，一個不到二十歲的民間女子能抵抗帝王的威權嗎？或者說，一個不到三十歲的貌美天仙真的會對一個糟老頭意亂情迷？

　　「戀父情結」可以看作「老夫少妻」的心理學源頭。有些女孩子從小失去父親或者沒有得到足夠的父愛，對父愛的飢渴令她們不自覺地從類似父親年齡的男人身上尋找父親的影子，尋找被父親呵護、寵愛的感覺。另外一種情況，女孩從小崇拜父親，覺得父親的一切都是完美的，在尋找人生伴侶時，他們按照父親的模樣尋找丈夫。

　　從演化的角度看，不管多大年齡的男人永遠青睞年輕女性，個中原因和文明社會的規則、法律無關，年輕女孩正處

在生育高峰期，比年長的女性擁有更強的繁衍能力，這是原始部落未開化的人類都懂得的道理。雄性的天生使命是盡可能多地繁衍後代，為基因創造流傳下去的最大機會，健康、生育能力強的女性當然是最佳選擇。

除了心理、物種演化方面的原因，經濟也是一個重要的利益，無論古今，很多女人都是為了富足、安定的生活而結婚。家天下的時代，帝王將相輕而易舉就能占有妙齡女子，其權力、地位和金錢是常人無法抵擋的。在民間社會，只有窮苦人家的女兒才會小小年紀嫁給或者被賣給富貴人家做小妾，那是一樁買賣婚姻，也是一條求生的道路，愛情的成分有幾多？恐怕當事人也不敢想像。說到底，她們是為了生活，首先尋一個衣食無憂的出路；其次不得罪權貴，保個人和家族性命，再求一個飛黃騰達、榮華富貴的夢想。歷史上流傳的關於老夫少妻的佳話，浪漫和風光的只是占據統治地位的男人，女人的浪漫不過是想像。

從資源分配來看，「皓首紅顏」不失為一個互補的組合。天下沒有哪個男人不喜歡年輕的、漂亮的女孩子，所以才有這樣的調侃：男人的專一表現在他們二十歲時喜歡二十多歲的女人，三十歲時喜歡二十歲的女人，八十歲還是喜歡二十歲的女人。但是，喜歡和娶回家裡是有區別的，能否承受世俗的壓力，是否具備雄厚的經濟實力，對自己的性能力是否

足夠自信⋯⋯這是「皓首」迎娶「紅顏」的先決條件。

　　反過來，在男權話語下的女人最具有競爭力的資本是什麼？不過是年輕貌美。在男人的世界，女人如同供人觀賞的藝術品一般，她的社會價值永遠低於觀賞價值，故有「女人不再年輕其價值便大打折扣」的說法，這一價值強調的是臉蛋、身材和年輕肌膚帶來的觀賞價值。十八歲紅妝能滿足八十歲老漢對世界的何種期待呢？恐怕是那一去不返的年輕光陰吧！

　　不管是出於「因為愛情」的真愛所向，還是當作一條改善生活的便捷途徑，「老夫少妻」都不得不面對一個尷尬的問題 —— 性。年齡的差距必然導致生理能力的差異，男性的性慾高峰在二十歲到三十歲之間，四十歲之後開始下降，女性的性慾高峰從三十歲到四十歲，隨著年齡的增長，白頭翁和俏新娘必然會面臨性生活上的「時差」，這也是許多老夫少妻在走過黃金十年後分道揚鑣的原因之一。

第八章

苦艾酒即綠色繆斯 ―― 波特萊爾

李白斗酒詩百篇

　　細數中國古今的文學大家，或多或少都能與酒扯上關係。屈原在他的作品中有許多描寫喝酒的快樂、酒醉後狀態的文字，〈招魂〉、〈大招〉、〈九歌〉、〈漁父〉等文章中還展現了當時的釀酒工藝、飲酒方式、酒之種類等酒文化，如他在〈招魂〉寫道：「娛酒不廢，沉日夜些。」意思是喝酒取樂不能停歇，日日夜夜沉溺其中。「美人既醉，朱顏酡些。」意思是美人喝醉了酒，臉上泛起紅光。屈原更以「舉世皆濁我獨清，眾人皆醉我獨醒」來嘲諷楚王統治的腐敗，表達他的內心苦悶。

　　從描述內容上看，屈原不僅了解酒在社會生活中的重要性，他本人亦熟知酒性和酒藝，更重要的是，屈原對酒性、醉態的見解非常獨特，以「醉」之義嘲諷時政，屈原是首開先河之人。

　　以五柳先生自居的陶淵明，更是一個不折不扣的酒徒。他在《五柳先生傳》中寫道：「性嗜酒，家貧不能常得。親舊知其如此，或置酒而招之。造飲輒盡，期在必醉。既醉而退，曾不吝情去留。」可見，陶淵明好飲成性已經遠近聞

名，親戚朋友早已見慣不怪了。陶淵明嗜酒到什麼程度呢？話說他官居彭澤縣令時，分給他的公田，他想要全部種上黏高粱，後來在妻子的勸說下，他才答應拿出五十畝來種稻米。「公田悉令吏種秫稻。妻子固請種粳，乃使二頃五十畝種秫，五十畝種粳。」由此可見，陶淵明嗜酒如命的個性，寧願不吃飯也要喝酒。

由於陶淵明終日滿身酒氣，他的詩歌中，字裡行間也散發著酒味。如〈飲酒‧其一〉中的「忽與一觴酒，日夕歡自持」，〈飲酒‧其四〉中的「一觴雖獨盡，杯盡壺自傾」，〈飲酒‧十三〉中的「寄言酣中客，日沒燭當秉」，可見其日常生活就是從早到晚地喝酒，拿著一壺酒，從白天到黑夜地開心地喝著，從喝酒中，生命得到了光明的照耀。

有些人只是失意或得意時痛飲一番，並不會把酒當作人生一部分，陶淵明則不然，他的飲酒已經到了「酒不醉人人自醉」的地步，他的人生便是喝酒，喝酒便是人生。歸園田居後，陶淵明在貧苦中度過晚年，他對人生的喟嘆仍然以酒為主角，「但恨在世時，飲酒不得足」，遺憾未能喝得足夠。「在昔無酒飲，今但湛空觴。春醪生浮蟻，何時更能嘗。」陶淵明假設自己死後的情景，想像生前沒錢買酒的自己死後酒壺裡裝滿了清酒，可惜他再也不能喝了。對一位酒徒來說，有酒不得飲簡直是最大殘念。

詩人喝了一輩子酒，他自己倒是沒什麼，可是連累了自己的後代。陶淵明兩度退避官場，還留下「吾不能為五斗米折腰」的豪言，只是並非出自他本心，歸隱之後，陶淵明一直悶悶不樂，寄情山水，喝酒怡情也有借酒消愁的含義。人生失意，陶淵明便把希望寄託在兒子身上，他希望五個兒子能勤學善思，成為像孔子後代那樣的聖賢，為此，他給五個兒子分別取名舒儼、宣俟、雍份、端佚、通佟，可惜事與願違。

這五個孩子個個智力低下，十多歲了，讀書寫字都成問題，更不用說成為超群人才了，恨鐵不成鋼的陶淵明寫下〈責子〉一詩，道：「白髮披兩鬢，肌膚不復實。雖有五男兒，總不好紙筆。阿舒已二八，懶惰故無匹。阿宣行志學，而不愛文術。雍端年十三，不知六與七。通子垂九齡，但覓梨與粟。天運苟如此，且進杯中物。」

從詩中可以看出，一個兒子非常懶惰，一個兒子不愛讀書，兩個兒子十多歲了還不識數，最小的兒子十分貪吃，眼裡看得到的都是好吃的。陶淵明不知道那是因為他平日裡喝酒太多影響了遺傳基因，非但不責備自己，反而責備五個兒子，他乾脆認為一切都是天意，不在教育兒子上花費功夫，「且進杯中物」去了。

陶淵明之後，靠喝酒作詩出了大名的便是李白了，後人總能從李白身上看到酒神的樣子。杜甫在〈飲中八仙歌〉中

說「李白斗酒詩百篇」，可見他愛喝酒，喝了酒便詩情滿溢，瀟瀟灑灑地作詩。從李白的詩作中也可以嗅到滿滿的酒精氣味，「五花馬，千金裘，呼兒將出喚美酒，與爾同銷萬古愁」；「君愛身後名，我愛眼前酒。飲酒眼前樂，虛名何處有」；「兩人對酌山花開，一杯一杯復一杯。我醉欲眠卿且去，明朝有意抱琴來」……從詩歌中可見，李白喝酒的目的不是求醉，也不追求誰的酒量更好，他是借酒抒情，表達他或追求自由，或摒棄名利的人生追求，「天子呼來不上船，自稱臣是酒中仙」，這等瀟灑飄逸不是隨便哪個文人做得到的。

李白和陶淵明一樣天天喝，月月喝，在喝酒這件事上，李白比陶淵明幸運一點。陶淵明因為「家貧不能常得」，只能「籬邊終日嘆空觴」，偶有友人送來美酒，他都要摻上水，以便能多喝幾天。同為不事農商的書生，李白居無定所，四處漂泊，更沒有固定收入，如何喝得痛快，喝得歡暢呢？

李白的方法是「蹭酒」。李白算是在旅行中不斷獲得名聲的詩人，他從蜀地出來，一路沿長江到洞庭、金陵等地旅行，憑詩名和文采，走到哪喝到哪，「五花馬，千金裘，呼兒將出換美酒」中的美酒也是從別人那裡蹭來的。後來，李白入了宮，被封為翰林學士，有了世上最大老闆──皇帝做靠山，李白就放開肚皮隨便喝，大吃大喝地過了三年恣意暢

飲的日子。後來，李白被逐出宮，仕途不順，懷才不遇，胸中愁腸百結，更是手持美酒三百杯，借酒澆愁。

對詩人來說，酒精是刺激神經的佳品，借著醉酒，詩人便進入一種擯除世俗紛擾的自由世界，精神自由，靈感爆發，所以才有「動容皆是舞，出語總成詩」。不只詩人，作家、畫家、書法家等都有借酒力激發才思的習慣，酒酣墨暢，下筆有神，這條規律對一切藝術創作者都適用。酒精能讓藝術家不那麼自我苛求，同時減輕創作中的緊張感和恐懼感 —— 觀眾或讀者看不到藝術家們創作時的樣子，可所有藝術創作者都是敏感的，酒精能形成一道屏障，保護好創作者的脆弱心靈。

李白酒醉，撈月墜水而死，多是後人對「詩仙」之死的浪漫主義想像，如果確實如此，不失為一代酒仙創造的千古美談。說實話，喝酒而死的文人數量不多，生來嗜酒，為酒喪命者，近代香港武俠小說家古龍算作一個。

如同筆下的英雄人物李尋歡、蕭十一郎、陸小鳳等人一樣，古龍愛酒，他的小說中也透露著酒味。風流大俠動輒小酌微醺，或許因為創作他們的小說家每每在酒酣之時淋漓揮毫，使得筆下人物也跟著沾上了酒氣。據說，古龍在創作《天涯明月刀》時已經爛醉如泥，小說全靠信筆神遊。

古龍最愛的酒是 XO，一種酒精含量極高的頂級白蘭

地,他亦鍾愛竹葉青和紹興老酒,在這些烈性酒的陪伴下,古龍的才情暢快迸發,健康卻每況愈下。1985 年,古龍因飲酒過度導致肝病復發,救治不得去世,年僅四十八歲,葬禮上,朋友倪匡買了四十八瓶 XO 為他陪葬,也算是投其所好,終其心願。

詩歌與酒文化的結合,乃世界的共通傳統,非中國獨占,在各國作家中,隨處可見嗜酒如命的例子,比如說,翻看美國現代文學史,一連串的酒鬼名字便會跳入眼簾,愛倫·坡、威廉·福克納、楚門·柯波帝、雷蒙·錢德勒、傑克·倫敦……

文人嗜酒,嗜酒文人創造文學史,想來有趣又滑稽。海明威是出了名的酒徒,喝酒如飲水一般,一戰期間,受傷躺在病床上的海明威還不忘記偷偷喝兩口白蘭地,他的名言是:「喝醉了寫,酒醒後改。」創作《老人與海》時,海明威待在古巴,常常光顧那裡的「街半小酒館」,海明威尤愛苦艾酒。

被稱為「繼海明威之後美國最具影響力的短篇小說作家」的瑞蒙·卡佛(Raymond Carver),嗜酒之深不遜於海明威,他喝了幾十年的酒,酒精幫他度過人生中的失意時刻,在《當我們談論愛情時我們在談論什麼》(*What We Talk About When We Talk About Love*)中,卡佛寫道:「喝酒是

件滑稽的事。當我回頭看時發現,我們所有重要的決定都是在喝酒時做出的。」法國作家莒哈絲也是一位酒鬼,到了晚年,她每日的生活便是喝酒和寫作,「我真的是個酒鬼,就像我是個作家。我需要喝紅酒才能入睡。早晨,我喝了咖啡後會喝白蘭地,然後開始寫作」。

日本文人也好飲酒,儘管淺嘗輒醉,仍願抱著酒杯喝到不省人事。無賴派作家太宰治最離不開的幾樣東西便是菸、酒、女人、當鋪和左翼思想,如果挑揀最重要的兩個,唯有酒和女人不可失去,這是他的靈感來源,也是他生存下去的依託。

日本也有規規矩矩喝酒的作家,如三島由紀夫。他出門喝酒總是衣衫整齊,絕不喝醉,半夜十二點之前一定回家,之後執筆創作。三島堅持這種刻板的飲酒方式,並且用這種方式教訓在酒席上醉得失態的日本人:「在日本,酒席形成了不可思議的構造:人變得赤裸,暴露弱點,什麼樣的丟人事、什麼樣的牢騷話都直言不諱,而且因為是酒席,過後被原諒。」

從好的方面講,適量飲酒可以溫熱軀體,活絡血管,在精神世界裡,詩、酒、花、夢、愁總是與酒有關;從壞的方面講,濫飲無度不僅會導致身體染病、意志頹廢,酗酒多年,難免會讓心臟病、肝病、腎病、脾出血、胃腸出血等疾

病紛紛找上門，還會因酒精麻醉神經而做出傷害他人或社會的事，古代有帝王「因酒亡國」，現代社會則嚴查酒後駕駛，以免危害公共安全。

即便如此，世人依然難逃美酒之誘惑，且不說流傳千年的酒文化，或者職場逃避無門的酒宴應酬，單單美酒落肚那一刻由甜、苦、辣交織的快感，已經令人迷醉。

嗜苦艾酒的大家

　　中國古代的詩人、詞人好飲酒者不止陶潛、李白，歷史上留下的關於酒的美妙傳說還包括杜康造酒、皇帝喝酒誤國以及文學作品《三國演義》中的精采篇章「關羽溫酒斬華雄」，詩詞歌賦、史書列傳中總有讚美酒的辭藻，但是文人騷客們喝的到底是什麼酒呢？

　　李白的詩中常出現對酒的描寫，「金樽清酒斗十千，玉盤珍羞直萬錢」、「白酒新熟山中歸，黃雞啄黍秋正肥」。他筆下的酒是「清酒」，也有「白酒」，還有綠色的，黃色的，甚至有葡萄酒。李白時代，民間常見的酒是未經再加工的米酒和釀造時間較長、顏色較深的黃酒，口感粗糙，但是度數不高，李白嗜酒如命，日夜痛飲，實是酒不醉人人自醉，和酒的關係不大。唐朝由於經貿開放，一度流行從西域流傳過來的葡萄酒，李白所喝的葡萄美酒可能就是這種用蒸餾法釀造的葡萄酒，不過，這種酒自唐之後沒有流傳下來，後代的文人雅士們依舊偏愛採用人工發酵方式獲得的低度酒。

　　近代中國，平日裡愛喝兩杯的文人當屬魯迅和老舍。魯迅一日三餐頓頓離不開酒，他酒量不大，因而經常喝得酩酊

大醉，以致夫人許廣平對他下戒酒令。作為酒友的郁達夫陪魯迅一起喝過白乾、黃酒、五加皮酒、白蘭地等，還曾寫詩送他，寫道：「醉眼矇矓上酒樓，彷徨吶喊兩悠悠。群盲竭盡蚍蜉力，不廢江河萬古流。」

老舍則有「文章為名酒為魂」的詩句。老舍喜歡喝酒，喝酒也讓他交了不少朋友，雖然酒量普通，但他喜歡在觥籌交錯間談笑風生，酒酣耳熱之際還能唱上一段京戲。老舍也曾寫下很多關於喝酒的詩詞，如「貧未虧心眉不鎖，錢多買酒友相親」、「有客同心當骨肉，無錢買酒賣文章」等，頗有陶淵明的坦蕩和率真。

中國文人喝酒，有白酒、黃酒、米酒、藥酒、果酒等，近代以來，受西方文化影響，文人墨客也嘗試些舶來品，如威士忌、白蘭地、香檳等，不過，一種極具傳奇色彩、備受西方人文、藝術家青睞的美酒在中國卻不怎麼流行，它是讓人雀躍的「綠色小精靈」，也被稱為「綠色魔鬼」—— 苦艾酒。

有關苦艾酒的傳奇故事，至今已經流傳了兩百多年，與苦艾酒密不可分的關鍵字包括藝術、風雅、時尚、性、凶殺、醫藥、毒品等，在一邊被官方禁止，一邊被藝術家們追捧的歲月裡，苦艾酒與大作家、藝術家越走越近，成為眾多酒品中最具文藝氣質的一個種類。

苦艾酒的起源已經不可考證，據說，古希臘時期已經出現過苦艾草風味的酒，在古羅馬的風尚中，戰車比賽的勝利者會喝上一杯苦艾酒，目的是提醒勝利者光榮背後的苦澀一面。真正的苦艾酒於西元 1792 年誕生在瑞士瓦爾德特拉韋爾地區，那裡生長著製作苦艾酒的關鍵原料 —— 一種生長在寒冷地帶的艾草。

苦艾酒是一種高酒精度蒸餾酒，酒精含量高達 68%，成分包括苦艾、茴香、海索草、茴芹等藥草，其甘草香味便是來源於其中的茴香。起初，苦艾酒是醫治百病的藥酒，作為防疫品發放給軍隊的士兵，後來，這種能夠造成短暫意識喪失、昏厥和怪異行為的烈酒，讓人誤會它有致幻的作用，被當成魔鬼看待。

從十九世紀下半葉開始，苦艾酒受到了歐洲藝術界和知識分子族群的喜愛，先鋒藝術家、作家和詩人對它趨之若鶩。1890 年代，享樂主義蔓延法國，苦艾酒也成為流行時尚，一度風靡，從富有階層到貧窮的藝術家，從受薪階層到紙醉金迷的上流社會，人人拜倒在綠色精靈腳下。身在法國的大名鼎鼎的藝術家們，如梵谷、馬內、海明威等人都是苦艾酒的忠實粉絲，可以說，這杯「綠精靈」直接影響了印象派、後印象派、超現實主義、現代主義的發展。

1859 年，馬內畫了一幅〈喝苦艾酒的人〉，畫作描繪了

一位流連於羅浮宮的衣衫襤褸的酒鬼，結果引起道德人士的抵制，沙龍評選委員會斷然拒絕了這幅畫，他們批評馬內「失去了道德感」。在當時社會的正統觀念裡，苦艾酒雖然沒有被禁止，但是和苦艾酒扯上關係至少是不道德的事情，這種酒不僅令人上癮，令無數醉漢欲罷不能，還具有強大的催情功能，英國唯美主義詩人歐內斯特·道森（Ernest Dowson）就寫過「苦艾酒使妓女變得更多情」這樣的句子。在衛道人士看來，苦艾酒無異於魔鬼。

馬內的同行竇加（Edgar Degas）也畫了一幅以苦艾酒為題材的畫，名為〈苦艾酒〉，今日看來，這是竇加的名作之一。這幅畫在 1893 年送倫敦參展時竟然引發了英國人的強烈反對，不苟言笑的英國人把苦艾酒看作「法國毒藥」。與馬內、竇加畫出離經叛道畫作的同時期，梵谷從荷蘭來到法國，他在巴黎初見高更，便被後者推薦了苦艾酒。高更說，苦艾酒是唯一適合藝術家喝的東西，從此之後，苦艾酒成了落落難合的梵谷的摯愛。後來，梵谷離開巴黎，前往法國南部亞爾，他白天在鄉間寫生，晚上便投入苦艾酒 —— 他的「綠色繆斯」的懷抱。

詩人韓波（Arthur Rimbaud）把苦艾酒稱之為「冰川山艾」，王爾德則讚美苦艾酒「一杯苦艾就如一輪落日」。在〈道林格雷的畫像〉中，格雷也是一個苦艾酒的鍾愛者，

他整日沉醉在苦艾酒產生的迷幻當中，儼然是王爾德享樂姿態的翻版。格雷還總結出喝苦艾酒的三個階段，一開始是和喝平常酒一樣，之後開始發現這個世界的殘酷，到了第三階段，可以看到一切想要看到的美好東西。

　　海明威也是苦艾酒的追隨者，他在多部著作中表現出對苦艾酒的熱愛，如在他的小說中，《太陽依舊升起》（*The Sun Also Rises*）的主角傑克・巴恩斯情場失意後用苦艾酒安慰自己；《戰地鐘聲》（*For Whom the Bell Tolls*）的主角羅伯特・喬丹與游擊隊員們並肩作戰，內心苦悶時，他喝上一點苦艾酒，以忘卻憂愁。1935 年，海明威還用苦艾酒和香檳調製出一種雞尾酒，取名「午後之死」（Death in the Afternoon），也稱為「海明威香檳」（Hemingway Champagne）。「海明威香檳」的配方是將一份苦艾酒倒入香檳杯，然後加入冰鎮香檳，直到呈現出牛奶般的乳白色，喝的時候分三到五口喝掉。苦艾酒被禁後，海明威一直從西班牙、古巴等地採購、囤積，以滿足自己的日常飲用。

　　藝術家們把苦艾酒的喝法發展成一種莊重的儀式。喝苦艾酒的工具包括帶有劑量線的短身大口玻璃杯、經過特別設計的帶有開孔的漏勺。苦艾酒盛在酒杯裡，將漏勺置於玻璃杯上，漏勺上放一塊方糖，冰水透過方糖緩慢滴入苦艾酒中，如此一來，酒精溶解在水中，水溶性差的成分則在酒杯

中沉澱出渾濁的乳白色陰影。

　　苦艾酒與冰水混合，一方面是稀釋掉過高的酒精濃度；另一方面，稀釋過程中會產生一種肉眼可見的雲狀效果，飲酒人眼看著酒的顏色從深綠色變成乳狀陰影，宛如見證了一場魔術。當然，這只是一般的喝苦艾酒的方法，具體操作因人而異，比如是否加糖，加多少水或用什麼方法飲用，完全是個人偏好，並沒有明文規定非怎麼樣不可。

　　二十世紀初，苦艾酒受到社會各階層的喜愛，苦艾酒在法國的年消費量達到三十六萬升。好景不長，一位瑞士農民在喝了苦艾酒後謀殺了家人，並且試圖自殺，以這件謀殺案為導火線，取締苦艾酒的聲音越來越大。1908 年，瑞士透過全民公決的方式立法取締了苦艾酒。從 1915 年開始，法國、瑞士、美國和歐洲大部分地區相繼對苦艾酒發布了禁令。到了 1960 年代，苦艾酒逐漸被雞尾酒、馬丁尼酒取代，偶爾被人們提起，也只是作為懷舊的一個元素而已。

　　根據現代科學分析，苦艾酒中引起幻覺的化學物質是側柏酮（Thujone），不過，若想要獲得如吸食大麻那樣的幻覺，飲用量或可達到酒精中毒的標準，對於一般人，沒等到側柏酮發揮作用已經醉倒了，根本體會不到亦真亦幻的感覺。苦艾酒被禁的另外一種陰謀論的說法是，苦艾酒售價特別低廉，低廉到街邊的流浪漢也負擔得起，嚴重影響了葡萄

酒莊園的生意，於是才會被禁止。

　　不管怎樣，屬於苦艾酒的時代已經過去了，在苦艾酒陪伴下創作眾多藝術精品的大師輩出時代也成為過去，如今，只有懷舊意識強烈的西方人才會懷念苦艾酒的美好。對東方人來說，苦艾酒並不能算美酒。由於茴香等香料在亞洲通常用來做菜或做藥，其味道刺激性強，放在食物中發揮調味作用尚可，把它們混在酒裡，其結果可以想像。

酒精依賴這種病

　　酒者，既益人，亦能損人。古人好喝酒者有之，對酒精如何損害身體的研究者亦有之。受到蒸餾技術的限制，古代的酒度數都不太高，但是小杯長飲，難免會醉，若是大碗喝酒，開懷暢飲，更逃不掉醉酒了。酒喝多了不僅會醉，醉了還會影響人的情緒、言語和行為，更嚴重的是，一旦形成酒精依賴，日日無酒不歡，還可能損害身體健康和心理健康。

　　古人早就明白酒喝太多的壞處，《三國志·吳書·陸凱傳》記載「酒以成禮，過則敗德」，《水滸傳》中有「酒能成事，酒能敗事」的警示，也有「酒亂性，色迷人」的討論。春為花博士，酒為色媒人，歷來酒色不分家。明代小說集《警世通言》記有許多「酒」與「色」相連繫的箴言，如「酒是燒身硝焰，色為割肉鋼刀」，如「勸君休飲無情水，醉後教人心意迷」。這些樸實的句子是古人從生活經驗中得出的真理，亦是古今皆準的至理名言。

　　簡單來說，喝酒最大、最直接的傷害就是有損身體健康。清代短篇小說集《夜譚隨錄》有載：「多沽傷費，多飲傷身。」就是說，酒買多了浪費錢，喝多了傷害身體。古代

嗜酒者留下千古詩文的不多，喝得行為瘋癲，落下身體疾病的倒是不少。魏晉時期「竹林七賢」之一的劉伶有「酒聖」之名，他好酒的個性和李白有得一拼，他自詡「天生劉伶，以酒為名」，他終日喝酒，外出必飲酒，還讓一個小童身背鐵鍬跟著他，若他死在半路便就地把他埋了。

據《世說新語》記載，劉伶一喝醉就開始發酒瘋，比如把衣服褲子都脫掉，一邊喝酒一邊裸奔，一日朋友見他這副不得體的模樣，問他說，你好歹是體面人士，何以做出這般離經叛道、蔑視禮法的舉動？劉伶辯道：「我以天地為房屋，以房屋為衣裳，你怎麼跑到我褲襠裡來了？」

在「竹林七賢」中，和阮籍、嵇康相比，劉伶算湮沒無聞的一個，他流傳最廣泛的作品是鼓吹唯酒至尊思想的〈酒德頌〉，這是一篇寫酒的文章，同時也反映了魏晉時期文人的境遇 —— 社會動盪，有志文人難於覓明君而侍之，苟存性命於亂世，只好用濫飲、裸飲、裸奔等放浪形骸的行為表示內心的不滿。劉伶的歸去和後代都沒有史書的記載，想必他是喝酒喝到醉死了，後來梁實秋也說，劉伶「醉酒」是假，「病酒」是真。

按照現代醫學的講法，嗜酒如命的魏晉詩人陶淵明對酒的渴望已經發展到酒精依賴症的地步。陶淵明寫過〈止酒〉一詩描寫自己艱難戒酒的經歷：「居止次城邑，逍遙自

閒止。坐止高蔭下，步止蓽門裡。好味止園葵，大懽止稚子。平生不止酒，止酒情無喜。暮止不安寢，晨止不能起。日日欲止之，營衛止不理。徒知止不樂，未知止利己。始覺止為善，今朝真止矣。從此一止去，將止扶桑涘。清顏止宿容，奚止千萬祀。」雖然全詩盡在言「止」，實在是難以戒斷，內心矛盾，最終下定決心徹底戒酒。豪言壯志說過，沒過幾日，詩人再次破戒，親人不能奈他如何，只好也不再阻止了。

陶淵明終生飲酒，去世時卻是因為生活困頓，填不飽肚子，穿不暖衣服，在飢餓病痛中去世，和酒沒有沾上關係。

大詩人李白的酒水情緣沒有「竹林七賢」那麼張狂，人生終了也不像陶淵明那麼樸素。李白一生不停地喝酒，高興要喝，不高興也要喝，有朋自遠方來要喝，千里送別也要喝，如他自己所說，「百年三萬六千日，一日須飲三百杯」。郭沫若說，李白生於酒，死於酒，實則因為後人從李白去世謎團中考證出一個可能，由於大半生在喝酒中度過，李白可能患上了「腐脅疾」，即過度飲酒引起的膿胸穿孔症，最後死於此症。

在二十一世紀，酒精依賴症已經不再是文人騷客的專屬，而成為遍及全球的常見病，對人類健康的危害僅次於心腦血管疾病和腫瘤。人體攝取酒精之後，身體會產生一種飄

飄然的快感，這是大腦血管出現收縮反應的效果，貪杯的人尋找的就是這種「飄飄然」。喝酒過量或酗酒時間很長，大腦變得遲鈍，對酒精刺激不再敏感，想要重新體驗到「飄飄然」，只好不斷增加飲酒量和飲酒頻率，長年累月，喝出了慢性酒精中毒，形成酒精依賴症。

酒精依賴症是慢性反覆發作的腦疾病，由於長期反覆飲酒引起，患者表現為身體上的酒精中毒症狀，心理上的對酒精無盡渴求。酒精中毒症狀表現為面部浮腫、呈糟紅色，頭冒虛汗，身體發虛，眼神混沌迷茫，出現社會退縮，如不願意出門，不與人往來，長期以酒為友，喝酒成為第一重要的身體需求和心理滿足。

酒精依賴往往是由身體依賴和心理依賴造成的。酒精會直接作用於神經系統，喝完酒之後心情愉快，喜歡與人交際，疲勞和緊張情緒獲得緩解，長期酗酒者，其神經系統已經發生病變，一旦戒斷，軀體會出現一系列症狀，像高血壓病人突然停止服藥一樣。早期戒斷症狀包括噁心、嘔吐、心悸、出汗等，後期戒斷症狀包括睡眠障礙，晨起中指及眼瞼震顫，不能咀嚼和站立不穩。患者唯有繼續喝酒，以減輕或消除症狀。

心理上的依賴比身體上的依賴更可怕，這種需求能勝過食慾、性慾和睡眠等最本能的生理需求，患者一旦出現強烈

的飲酒渴望，便會不顧後果地四處尋找酒，不分時間、不分場合地大量飲酒，每天活在飲酒－醉酒－入睡－清醒－飲酒－醉酒－入睡的循環當中。70％以上的酒精依賴症患者存在一種或多種精神疾病，在被確診的酒精依賴症患者中，一半人患有憂鬱症，三分之一具有反社會人格。

古人說的「一醉解千愁」和「借酒澆愁愁更愁」的症狀則可能是酒精依賴症伴隨憂鬱症的雙重病症。調查顯示，患有酒精依賴症的人更容易患上憂鬱症，在自殺未遂者中，憂鬱症和酒精依賴症都占據一定的比例。有一類天生攜帶對酒精和憂鬱症敏感的染色體的人，患上酒精依賴症和憂鬱症的機率一樣高，其中不乏交叉症狀，如酒精依賴症患者表現出憂鬱，憂鬱症患者借酒消愁，喝出了酒精依賴症。而且，對憂鬱症患者來說，酗酒會降低抗憂鬱藥物的治療效果，還會增加復發的風險，自然「借酒澆愁愁更愁」了。

目前為止，對酒精依賴症的病因尚不確定，不過，醫學家提出了家族遺傳、心理／人格障礙和職業因素等主要原因。儘管酒精依賴症的遺傳性尚未得到證實，許多學者和臨床醫生相信，酒精依賴症具有家族性，酒精依賴症患者的子女酗酒的機率比一般人高出許多倍。另外，人格上表現為被動、依賴、孤僻、脆弱、悲觀的人更容易藉助酒精消除內心煩惱、緊張和恐懼，對他們來說，喝酒是一種心理防禦手段。

　　酒精會傷肝、傷心、傷腎、傷脾胃、傷腸胃，對眼睛也有傷害，最可怕的是，酒精會傷害大腦，導致神經病變和癲癇病發作。酒精依賴症如果不及時治療，無異於慢性自殺。在古代，由於古人懂的醫學知識有限，更不會進行心理治療，擺脫酒精依賴的方式唯有戒酒。殊不知，戒酒的難度與戒毒差不太多。

　　不過，古人想出來的古怪方法竟然暗合了心理學的戒酒方法。比如唐代的《外臺秘要》中記載的斷酒方十五首，其中有一方這樣講：「酒七升，著瓶中，熟朱砂半兩著酒中，急塞瓶口，安豬圈中，任豬啄動，經七日，取盡飲之，永斷。」瓶子裡的酒被豬拱了七天，不見得就能變成戒酒良方，不過，喝了久居豬圈的酒，內心噁心是實在的。在心理治療上，這算是「厭惡療法」的樸素版本，經過特殊處理讓「美酒」和「噁心」、「骯髒」建立起條件反射，讓嗜酒者對酒產生厭惡，從而不再飲酒。

　　現代人對酒精依賴症的治療更具有心理學的特點。首先，戒酒不是一件容易的事，尤其對於擁有三年以上酒齡的「大酒桶」來說，首先要改變他們對酒精的認知，明確飲酒過度有害健康，而且酒精依賴症是一種身體疾病，也是一種心理疾病。

　　在具體操作上，可以用行為療法，如制定一個戒斷計

畫，將「戒酒」這一大目標分解為一系列的小目標，用設定的獎懲機制監督戒酒計畫的完成。執行計畫最重要的是堅持和執行，比如：完成一個週目標之後如何獎勵，未完成如何懲罰，完成月目標又如何，需要一個具有執行力和威懾力的家庭成員負責這件事。

古人採用的「厭惡療法」也可以嘗試，關鍵在於產生厭惡，而不是真的需要放一瓶奇怪的酒在豬圈裡滾七天。

如果這些方法都不見效，就要求助於專業的醫療人員，醫生會採用藥物替代的方法幫助酒精依賴症患者逐漸擺脫酒精。在專業的治療機構，還會配合認知行為治療、家庭治療等全方位的治療方式，在幫助患者戒斷酒癮的同時解決心理問題。

幻覺體驗大麻始

　　人類種植大麻已經有五千多年的歷史了。印度是最早崇尚使用大麻的國家，大麻的使用遍布印度社會的各個層面，印度教醫生用大麻來治療瘧疾等傳染病或者風溼等疼痛症，農民靠服用大麻來消除煩躁和疲勞，戰士靠飲用大麻藥來壯膽，苦行僧藉它來安神，新婚夫婦用它增進情趣……作為廉價的春藥，人們在母馬交配前餵食牠大麻。

　　大麻含有粗纖維，是製作麻繩的好原料，也可以用來織布。大麻最初在中國就是作為紡織材料和藥物被使用的。古代中國有漫長的大麻種植和使用的歷史，直到今天，大麻依然在日常生活中扮演重要角色。大麻可以提供紡織纖維品，製造麻繩、布料或者造紙，用大麻製成的麻織品，比亞麻品質更高，價格也更為昂貴。

　　大麻最早是什麼時候進入歐洲的，如今已不可考證，但是歐洲文獻上很早就有關於大麻的記載。古希臘作家、歷史學家希羅多德在西元前五世紀後半期撰寫的《歷史》之中有關於斯基泰人燃燒大麻籽的紀錄，阿拉伯人或者從希臘醫學

和植物學中認識了大麻，或者在與伊朗人、印度人的商貿交易中認識了大麻。

美國總統喬治·華盛頓在他的日記中記錄了種植大麻的心得，他計劃將大麻的雄株與雌株分開種植。大麻是雌雄異株的植物，雄株莖稈細長，分枝少，皮薄、光滑、柔韌，可搓成細麻繩；雌株稈粗而分枝多皮厚、堅韌，產量高，用作粗麻繩。可見，華盛頓已經發現了這個祕密。華盛頓的目的是為了獲取寶貴的植物纖維，這也是美國建國初期全民種植大麻的原因。

美國的大麻是從墨西哥傳入的，因為價格低廉，容易取得，很快在美國黑人中流行起來，藉著爵士樂手的推廣之功，吸食大麻成為勞工階層的一個亞文化。身處社會底層的勞苦大眾，主要是男性，靠吸食大麻及時行樂，逃避現實。二戰期間，為了防止軍隊出現士氣和紀律問題，精神科醫生特別注意黑人吸食大麻的情況，結果在調查中果真篩查出大麻上癮的士兵。此外，大麻的種子可以做食物，也可以提煉出大麻油作為染料。

當然，大麻引起全世界的注意是因為它的藥用功能。藥用方面，中國的神醫華佗發明了麻醉藥「麻沸散」，其主要成分就是大麻，具有麻醉和止痛的功能。據李時珍《本草綱目》記載，大麻還能治療嘔吐、寄生蟲感染、出血等。民間

還用大麻治療腹瀉、痢疾，刺激食慾。原始民族時期，大麻被當作宗教儀式的輔助手段，也是因為它的藥物功能。

1798 年，拿破崙率軍隊遠征埃及，一方面為了打擊反法聯盟的成立者英國；另一方面為了切斷英國與印度之間的交通線。這項事業三年後流產，拿破崙的軍隊鎩羽而歸，不過，士兵們卻發現了意料之外的寶物 —— 印度大麻。藉助軍隊士兵的運輸，印度大麻登陸歐洲，法蘭西成為第一個「重災區」。由於吸食大麻讓士兵喪失鬥志，拿破崙下令禁止軍中服用大麻。後來，大麻走向了民間，在醫學上廣泛用於鎮痛、鎮靜，還混進了藝術圈，成為畫家、文學家的最愛。

十九世紀初，那是全歐洲對迷幻藥品產生興趣的年代，不管是高冷的科學家還是頹廢的藝術家，他們將大麻消費當作日常消費品看待，科學人士想要了解大麻對人造成的影響，藝術界的浪子們則挑戰新奇，想看這東西能否激發藝術創作。1830 ～ 1840 年代，法國醫生雅克－約瑟夫·莫羅（Jacques-Joseph Moreau）在埃及、中東等地進行長途旅行，他目睹當地人吸食大麻的情景，想要弄明白這一神奇的植物何以帶給人們瘋狂和夢想。莫羅自己吞掉了一些葉子，並且記錄下依次在自己身上出現的狂喜、幻覺、語無倫次、思緒飄飛等症狀，後來，他寫了《大麻與精神病》（*Hashish and Mental Illness*）一書，這是一本研究大麻的專著，書中描述

了吸食大麻後的愉悅感，這本書對歐洲大陸影響很大。

與莫羅同樣關注大麻的還有法國作家哥提耶（Pierre Jules Théophile Gautier），到了哥提耶著迷大麻的時期，它已經變成了唾手可得的物品，隨便在街邊的藥方便能買到。哥提耶是法國唯美主義先驅，「為藝術而藝術」的宣導者，雖然他的作品多是為報紙、雜誌撰寫的評論性文章，但是他的社交圈卻是由波特萊爾、福樓拜、大仲馬、內瓦爾（Gérard de Nerval）和巴爾札克等文學界大咖組成的，這些人是十九世紀文壇的重量級人物，也是「印度大麻俱樂部」裡的重要成員。

「印度大麻俱樂部」是一批法國作家在 1843 年建立的，目的簡單明瞭，自然是共用大麻帶來的迷幻體驗。一開始，哥提耶將一些朋友邀請到聚會中，慢慢地，交友圈擴大了，吸引來了很多重量級人物，比如波特萊爾（Charles Pierre Baudelaire）。在「印度大麻俱樂部」，哥提耶與波特萊爾第一次相見，由此開始了他們的友誼，作為波特萊爾生命後期的好友，兩人來往密切，波特萊爾的詩集《惡之花》（*Flowers of Evil*）扉頁上的題詞是送給哥提耶的，後者則寫了許多關於波特萊爾生平的回憶文字。

哥提耶和波特萊爾都不是大麻沉溺者，哥提耶說：「抽了十幾次之後，我們永遠地放棄了這個令人陶醉的藥物，不

是因為它讓我們身體不舒服，而是真正的作家只需要自然的夢，他們不喜歡思想受到任何因素的影響。」在哥提耶引導下，波特萊爾成了「印度大麻俱樂部」的常客，他還專門研究了印度大麻和鴉片，並且寫了一篇文章〈人造天堂〉（*Artificial Paradises*）。對待大麻，波特萊爾態度冷靜，他認為，印度大麻雖然能刺激大腦，激發靈感，但是作家若是在迷幻狀態進行寫作，對文學來說是一個災難。

哥提耶在《回憶波特萊爾》寫了一些關於大麻看法，顯然他對大麻的態度非常冷靜，他說：「他（波特萊爾）的頭腦跟其他作家一樣冷靜、清醒；他在承認人們的氣質中有一種透過某些刺激物（如鴉片、大麻、醇酒或菸草）來創建一個『人造的樂園』的癖好……這是『性本惡』的又一證據……」同時，他也佐證了波特萊爾對大麻的看法，「他（波特萊爾）毫不認為從大麻毒性發作中所啟發的思想對於一個天才人物來說會有什麼幫助。首先，這些思想並不像人們想像的那樣美……其次，產生這些思想的大麻藥性，同時摧毀了應用這些思想的力量……我們還必須考慮到另一致命的／可怕的危險性，那就是習慣成自然的問題……」

巴爾札克這次也扮演了一個克制者的角色，眾所周知他在商業投資上是多麼的瘋狂且不知克制。巴爾札克透過大麻「看到過天國的畫面，聽見過天國的聲音」，但他很有分寸，

控制自己不沉溺其中。可能是俱樂部成員太過克制,「印度大麻俱樂部」僅僅存在五年就宣告解散了。

　　這些藝術家對大麻的克制是明智的,現代心理學研究證明,吸食大麻並不能成為藝術家激發創作力的藉口,大麻產生的只是幻覺,對克服寫作障礙效果甚微,如果接連吸食,還可能適得其反。如此看來,電影裡那些經典的橋段──作家、畫家、音樂家在藝術創作陷入困境時轉而投向大麻或其他迷幻類藥物,並非是為了才思泉湧,他們可能只是想要偷個懶,「飄飄然」一下。

嗑藥的藝術家們

　　藝術家的創造力總是和兩樣東西脫不開關係，一是精神疾病帶來的痛苦，二是服用藥物帶來的快感。歷史上，一類藝術家透過克服疾病帶來的精神痛苦完成作品的創作；另一類藝術家則用服用藥物的方法，讓大腦產生幻象，實現藝術上的突破。

　　在畫家、詩人和作家中，憂鬱症患者和躁鬱症患者最多。狂躁發作時期，藝術家比平日裡精力充沛，神經亢奮，可以不睡覺、不吃飯地一直工作，在天馬行空的飛躍思緒中，想像力和創造力達到巔峰，前無古人、後無來者的作品隨之誕生。

　　狂躁階段結束後，藝術家們陷入憂鬱階段，憂鬱症狀帶來前所未有的精神崩潰，使人沉浸在苦難中無法自拔，甚至想要放棄生命。憂鬱情緒讓藝術家擁有多重的、深刻的人生體驗，沉思人生意義和人類命運，與絕望、痛苦抗爭時，直面死亡或體驗死亡，置之死地而後生，這些體驗是超越想像力的，正常的頭腦很難獲得這些體驗。

　　在精神疾病的刺激下，愛倫·坡寫出了交融恐怖與死亡

的詩〈烏鴉〉（*The Raven*），梵谷畫下了充滿律動及生命力的〈向日葵〉，吳爾芙作為一個「神志清醒的精神病人」寫下了《戴洛維夫人》（*Mrs. Dalloway*）和《航向燈塔》（*To the Lighthouse*）等小說作品。這些藝術家或作家飽受疾病帶來的痛苦，有人甚至以自殺的方式結束心靈痛苦，與此同時，痛苦成為驅動他們創作的引擎，如同與魔鬼交換靈魂一般，他們把心情愉悅、身體健康交付出去，換回來繆斯的眷顧和千古留名。

和精神疾病與藝術靈感這項交易相比，服用藥物刺激藝術創作更符合真正意義上的「與魔鬼的交易」。中國古代文人與毒品之間的「交易」要從魏晉文人服用五石散開始講起。

五石散，也叫寒食散，是道家散劑中的一個方子，由張仲景發明，起初用來治療傷寒病人，成分包括紫石英、白石英、赤石脂、鐘乳石和硫黃，由於五石散這種藥燥熱，外敷或沖食對傷寒病人都有補益的作用。

魏晉時期，上流社會把五石散看作延年健體的健康食品來吃，達官貴人也好，文人騷客也好，把五石散當作家常便飯，何晏、曹植、潘安等人就是其中代表，何晏介紹五石散說，「服五石散，非唯治病，亦覺神明開朗」。

服用五石散後會產生巨大的內熱，全身燥熱，可以飲冰

臥雪，人變得面色紅潤，雙目有神，用現代醫學來看，其實是微量砷中毒的初期反應。古人不管這是不是中毒，只覺得服過五石散後，胃口好了，吃飯香了，精神抖擻，身心愉悅，但是由於全身發熱，需要經過一串步驟將熱力發散出去，即所謂「散發」。服用者不能靜臥，不能坐下，必須走路，魏晉名士喜著寬袍大袖的衣服，喜歡散步，正是為了盡快把熱力散發出去。

說起何晏，他是「第一個吃螃蟹」的人，在他服用五石散後，「京師翕然，傳以相授」，五石散開始流傳開來。這位何晏是何許人也？他是曹操的養子，由於在魏宗室裡不受待見，便長期鑽研周易和老莊，後來成了玄學大師。魏晉時期是盛產帥哥的年代，何晏的顏值在當時也是數一數二的，有一種說法是中原有三位帥哥，分別是夏侯玄、司馬師和何晏。因為服用五石散後「心加開朗，體力轉強」，何晏還被人懷疑擦粉，還得了個「敷粉何郎」的名號。何晏一生在政治上沒什麼作為，後人更願意把他看作「玄學大師」和「嗑藥祖師爺」。

鴉片在中國歷史上的角色在鴉片戰爭後變得複雜，它不只是毒品，還是恥辱。可是在人類剛剛發現鴉片時，鴉片是一種神物，是靈丹妙藥，是「使人快樂的植物」。據歷史考證，歐洲是罌粟的故鄉，最早的人工種植罌粟出現在歐洲。

在埃及，鴉片用來消腫止痛、治療外傷，還能讓吵鬧的小孩鎮靜下來。在近代歐洲，母親還會讓吵鬧的嬰兒服用鴉片。

18 世紀末 19 世紀初，歐洲興起浪漫主義思潮，浪漫主義的核心是重視主觀與想像，文學作品不光是描寫，還要展現自由的情感、主觀的激情，詩人們擺脫凡塵羈絆，飛翔在天馬行空的意象世界裡，讓詩人們獲得自由和想像的刺激物正是鴉片。

在浪漫主義出現之前，英國散文家、文學批評家德‧昆西（Thomas Penson De Quincey）寫過一本《一個英國鴉片服用者的自白》（*Confessions of an English Opium-Eater*），作者在書中自述，他十九歲時在牛津大學讀書，因為胃痛、頭痛難忍開始服用鴉片酊，之後便難以戒除。畢業考試第一天，他因為服用鴉片而精神大振，考試完成得非常好，可是副作用讓他渾身乏力，無法應付第二天的考試，最終只好逃離放棄考試，逃離倫敦。直到他七十四歲去世，鴉片一直伴隨著他。

年輕時，昆西嘗試過控制服用鴉片的劑量，後來不可控制地不斷加大，每日像吃飯一樣服用鴉片膏，最高紀錄達到每天二十二克。鴉片為昆西帶來了幻覺和夢魘，讓他體驗到虛無縹緲的感受，快樂時宛如「人間天堂」，也讓他萎靡不振，無法正常工作，每日都活在詭異的夢境中。《一個英國

鴉片服用者的自白》記錄了他與鴉片相伴歲月的苦樂悲歡。不過，由於他描寫鴉片帶來夢境時所用的語言太過美妙，讓人很容易忘掉鴉片的毒害，誤以為他在歌頌鴉片給人帶來的快感。

山繆‧柯勒律治（Samuel Taylor Coleridge）是英國浪漫主義詩人，是著名的「湖畔派」詩人之一，也是昆西的崇拜者，他的詩歌超凡脫俗，大多描寫人物心中扭曲的夢境。後人對柯勒律治的詩歌進行研究，發現他詩歌的大部分靈感來自他吸食鴉片後產生的幻覺，實際上，他的確是一個「大煙鬼」，有四十多年的鴉片吸食史。

最初，柯勒律治在劍橋大學耶穌學院就讀，為了治療風溼病，他服食了鴉片酊來麻醉和減輕肉體的痛苦。後來為了治療神經痛和牙痛，柯勒律治更加依賴鴉片，久而久之成了習慣。此後的四十多年裡，他放縱自己吸食鴉片，最嚴重的時期，每個星期要喝掉兩夸脫，相當於兩升多的鴉片酒，根據十八世紀的鴉片酒濃度，他喝掉的是足以殺死一匹馬的量。柯勒律治沉浸在鴉片帶來的樂趣和美好夢幻當中，他在寫給朋友的信中說，「鴉片從來沒有對我產生不適的影響」，他的日常生活就是坐在桌子跟前，一邊吸鴉片，一邊寫作。

柯勒律治認為，鴉片不僅可以讓他陷入迷狂，還能最快地獲取靈感。在創作〈忽必烈汗〉（*Kubla Khan*）時，柯勒

律治便把這種奇妙的感覺寫進了詩歌之中。〈忽必烈汗〉是柯爾律治從夢境中獲得的靈感，因為身體不適，他在吸過鴉片後便去休息，入睡之前，他在讀珀切斯（Samuel Purchas）的一篇遊記，其中談到忽必烈汗修建宮殿的事，睡夢中，他見到了一系列景象，幾個小時後，他醒過來，把夢中景象寫成了一首近三百行的長詩。一生當中，柯勒律治從未到過中國，對中國的了解限於有限的西方文史資料，可是在鴉片帶來的想像世界裡，他卻能以絕對天才的姿態縱橫馳騁。

據說，柯勒律治趁著夢境清晰馬上提筆記錄，不巧被朋友的拜訪打斷，忘記了大部分內容，也就是說，如今我們看到的〈忽必烈汗〉只是詩人整個夢境的「殘片」而已。心理學家認為，人處在迷狂狀態時，平日裡被壓抑的潛意識就會浮出來，出現一些不同凡響的意象。這樣說來，柯勒律治夢境中奇幻的景象是他的潛意識行為，因為有了鴉片的助攻，進入意識，成就了千古佳作。

無獨有偶，才華橫溢的英國詩人約翰・濟慈（John Keats）也是一個「鴉片鬼」，濟慈從童年時期開始服用鴉片酒，他還向與他一樣患有肺結核的兄弟提供鴉片酒。後人無法證明濟慈一生之中（雖然他的一生只有二十五年）都在服用鴉片酒，但是從他後期創作的〈夜鶯頌〉（*Ode to a Night-ingale*）和〈怠惰頌〉（*Ode on Indolence*）與前期作品的對

比來看，在後期創作階段，他一定是與鴉片相伴的。短短幾個月裡，濟慈突然變得極其狂熱，創作了他一生中最著名的詩歌〈夜鶯頌〉、〈希臘古甕頌〉（*Ode on a Grecian Urn*）。

詩人吸鴉片也好，文人服用五石散也好，甚至藝術家吸菸、酗酒、服用麻醉藥物，實質上都是物質依賴的一種。所謂物質依賴，是指長期濫用某種物質後產生一種心理上與軀體上的強烈而無法克制的尋覓該種物質的狀態，包括心理依賴和軀體依賴兩種狀態。物質依賴也稱為物質成癮或藥癮。

造成物質依賴的物品有很多，比如最容易成癮的麻醉藥物，包括鴉片及製成品、嗎啡、海洛因、哌替啶、美沙酮等，精神興奮類藥物如苯丙胺、古柯鹼等，迷幻類藥物如「搖頭丸」。除了這些在臨床醫療和毒品市場出現的藥物，日常生活中的酒精、菸草也是藥物依賴的一部分。

對於普通人來說，由於鴉片、古柯鹼、嗎啡等麻醉類、精神類藥品在臨床上被嚴格控制，除非在癌症治療階段因止痛造成藥物上癮，一般情況下，如果不是刻意尋覓，很難和毒品扯上關係。不過，一些生活中容易接觸到的特殊藥品也會造成物質依賴，如感冒藥、止痛藥、鎮咳藥等，這些藥品含有特殊成分，雖然是家中常備藥品，如果不遵醫囑，過量服用，也有可能不知不覺中上癮，社會新聞就曾有青少年因喝止咳藥水成癮的報導。

但凡讓人成癮的物品對身體，尤其是對大腦，都有一定的傷害。吸菸造成的尼古丁依賴直接影響交感神經，大劑量的尼古丁攝取會對植物神經及中樞神經系統產生抑制作用，導致呼吸肌麻痺、意識障礙等。長期吸菸的人會出現機體活力下降，記憶力減退，工作效率低下和多種器官的綜合病變，嚴重者會患上鼻咽癌、肺癌等重大疾病。儘管都知道吸菸有害健康，老菸槍們就是無法擺脫尼古丁的誘惑，許多人在戒菸道路上反反覆覆，始終不見成效，如馬克·吐溫所說：「戒菸是很容易的事，我已戒過一千次了。」

藝術圈的人總是躲不開迷幻藥物，如前衛藝術家、搖滾樂創作人等。許多當事人說，迷幻劑讓他們在藝術上取得突破，但不得不承認，許多音樂人為此付出了健康的代價，搖滾圈很多人對迷幻劑成癮，不僅喪失創造力，還因藥物帶來疾病，險些丟失性命。

古柯鹼對大腦的毒副作用很明顯，根據核磁共振成像，對古柯鹼成癮的成年人，隨著年齡的增長，大腦萎縮的速度比普通人快兩倍，平均每年會失去三毫升的腦灰質 —— 一種與認知功能相關的物質。在萎縮的大腦皮層灰質中，最嚴重的就是額葉和顳葉，這兩個區域負責執行功能和記憶功能，還和想像力、分析能力和記憶能力有關。

在一切成癮物質中，海洛因是最可怕的。停止使用海洛

因後，整個人變得無精打采，打哈欠、流鼻涕、失眠、便
祕、疼痛、忽冷忽熱⋯⋯甚至出現如千萬螞蟻啃食骨頭的痛
苦。這種痛苦只有再次攝取海洛因才能緩解，在惡性循環之
下，身體逐漸被摧殘。而且，長期吸食會造成身體耐受性提
高，吸食者只有不斷增加劑量，才能滿足生理渴求，如此一
來，只會越陷越深，不能自拔。

　　所以說，萬惡毒為首，珍愛生命，遠離毒品！

第九章

患強迫症的富翁 —— 霍華・休斯

年少輕狂的繼承者

或許你沒有聽過霍華·休斯（Howard Robard Hughes, Jr.）這個人，但你一定看過漫威影業出品的系列科幻冒險電影《鋼鐵人》。電影中，小勞勃·道尼扮演的工業家及發明家東尼·史塔克遭陰謀綁架，被迫製造最致命的武器，結果製造出一套高科技盔甲，以保護自己逃生，從此他變身「鋼鐵人」，肩負起保衛地球的使命。

從電影類型來看，《鋼鐵人》和《蜘蛛人》系列、《驚奇4超人》系列一樣，都是漫威出品的超級英雄系列電影。不過，東尼·史塔克是以美國傳奇富豪霍華·休斯為原型的，從他的人生軌跡上，可以清晰地看到霍華·休斯的身影。東尼·史塔克是一個擁有著億萬家產的實業家，二十一歲時繼承了父親的龐大家業 —— 史塔克企業，不過，他的個人興趣不是管理企業，而是科技發明。此外，他還是一個風流倜儻的公子哥，憑藉上億身家，在女人堆裡有著超高的人氣。

漫畫家史丹·李（Stan Lee）在 1963 年萌發創造鋼鐵人這個形象時，首先想到了霍華·休斯，那時候，他已經度過了人生最輝煌的時期，隱居豪宅，成了足不出戶的傳奇

人物。史丹‧李想要創造一個像霍華‧休斯一樣的企業家英雄，一個風流倜儻的富二代，一個科學技術狂熱分子，同時還是一個依靠尖端武器技術晉升英雄的凡人，於是，漫畫迷們看到的東尼‧史塔克就像是霍華‧休斯的翻版一樣。在霍華‧休斯的人生經歷基礎上，史丹‧李又將販賣軍火的大亨與超級英雄的元素加入進去，於是就有了今天我們看到的鋼鐵人。

當然，現實中的霍華‧休斯比鋼鐵人擁有更多身分標籤。他是含著金鑰匙出生的「富二代」，是美國第一個億萬富翁，是電影製片人、飛行家、航太工程師，是情場浪子，還是一位強迫症患者，他的人生傳奇而偉大，比好萊塢電影還要精采。史丹‧李說，霍華‧休斯是「我們那個時期最豐富多彩的男人，他是個發明家，一個探險家，一個數百萬家產的富翁，一個大眾情人以及一個怪客」。霍華‧休斯的一生轟轟烈烈，充滿了冒險和刺激，他用一輩子的時間做了三輩子的事情，在美利堅，他的名字和華盛頓、林肯一樣被普通民眾熟識。

霍華‧休斯 1905 年出生在美國德克薩斯州休士頓，他出生之時，正是他父親老霍華‧休斯的生意做得風生水起的時候，可以說，他是含著金湯匙出生的富家子弟。老休斯是一個石油商人，是「休斯工具公司」的創辦者。一開始，他

做石油生意沒有賺到錢，偶然的機會，他買下一個鑽井機械專利，這種鑽井機具有特殊的空氣壓縮式回轉錐，可以穿透堅硬的岩層，這對於石油開採業有著巨大的意義。他把專利權賣給美國國內和海外十三個國家的石油商人，並且成立了「休斯工具公司」，一下子發了家，成了富翁。

休斯的母親是德克薩斯州地方法官的女兒，在休斯出生之後未再生育，休斯就成了家中的獨子。作為家裡唯一的孩子，休斯從小過著令人羨慕的優渥生活，享受來自父母的寵愛，不過他小時候性格孤僻害羞，而且極其厭惡上學。和學校相比，他更喜歡待在家裡，出於對機械的興趣，他大多時間待在車庫裡拆卸組裝機械，或者拆掉鐘錶加以研究，或者製作一個裝有收音機的發報機。在機械方面，他也頗有天賦，十三歲就組裝了一輛機車。如果不是父母先後去世，休斯可能會一直像一個長不大的孩子，沉浸在鍾愛的機械世界裡，過著自由自在的日子。

十六歲時，休斯的母親因為手術時麻醉失敗而去世，正在學校寄宿的休斯接到母親生病的電報回到家中，卻發現母親已經去世。這個消息對他來說如同晴天霹靂，這也造成日後他對藥物有著異於常人的敏感反應。兩年後，就讀於萊斯大學的休斯剛滿十八歲，他的父親又因心臟停搏突然辭世，小小年紀休斯就成了孤兒。

　　雙親去世，休斯作為家中獨子繼承了大筆財產，親戚們都擔心他無力打理，很快就會把家產敗掉，於是建議他將財產交給他的叔叔魯伯特・休斯（Rupert Hughes）代管，直到他年滿二十一歲再自由支配。魯伯特是一位很有名氣的劇作家，也很富有，他也認為休斯還沒有掌管財產的能力，應該先完成學業。可是休斯沒有這樣做，他在法庭上表明自己有能力管理父母留下的財產，並且提出要求，他希望用銀行貸款的方式買回屬於親戚的那部分遺產。

　　老休斯去世四個月後，休斯就拿到了銀行貸款，他用這筆錢買下親戚們繼承的那部分遺產，獲得了父親公司的全部控制權和七十五萬美元的遺產。就在老休斯的朋友們愕然之際，休斯又向媒體宣布，他希望成為世界上最好的高爾夫運動員、世界上最好的飛行員和世界上最好的電影製片人。這番言辭令媒體一片譁然，大家都當他年少輕狂說大話，等著看家產被他敗光的好戲。出於不信任，休斯在遺產官司結束後斷絕了與親友之間的所有聯絡，他說：「我不需要親戚，他們只會令我心煩！在這個世界上，唯有我自己最可靠！」

　　從小到大，休斯就讀的學校都是名校，如美國最古老的男校中學菲斯登中學，坐落在加州的柴契爾學校、加州理工學院和萊斯大學。老休斯希望休斯長大後成為一名律師，雖然休斯因為成績不好，經常被學校拒收，老休斯總能想到諸

如捐宿舍這種方法讓休斯入學。只可惜，休斯在輟學前一共轉學七次，最終還是沒有拿到一個學位。但是，這並不妨礙休斯展示出色的商業經營能力，這個整天和機械打交道的木訥少年逐漸用行動證明，他是一個成年人，完全有能力打理父母留給他的一切，並且建立一個屬於自己的商業帝國。

成為「休斯工具公司」的唯一主人後，休斯做的第一個決策便是進軍好萊塢。休斯和好萊塢的淵源或許和他的叔叔魯伯特·休斯有關。魯伯特·休斯曾經是作家，寫過《喬治·華盛頓傳》，後來遷居好萊塢，專注於撰寫劇本，成了劇作家，這個叔叔幫助休斯完成了電影啟蒙，也讓他有機會距離接觸好萊塢明星們的生活。

在魯伯特·休斯的豪宅中，每個星期天都有宴會舉行，大批的好萊塢導演、男女演員出席，休斯在這樣的場合裡結識了許多好萊塢演員，開始對拍電影產生興趣。在老休斯在世時，他就提出過建議，讓父親將投資方向轉向電影，老休斯還未行動就因心臟病去世了。在整理父母遺物時，休斯發現了老休斯早已和「好萊塢」建立關係。在母親寫給父親的信中，她說：「我永遠愛你。對於你和那些女星的風流韻事，我理解並完全原諒。」這時候，他才知道，原來父親一直混跡在好萊塢女明星圈子裡，休斯後來瘋狂迷戀好萊塢的美麗女人，和這段經歷不無關係。

在成為情場浪子之前，休斯有過一段短暫的婚姻，他的第一任妻子是年長他兩歲的萊斯大學創辦者的女兒艾拉‧萊斯（Ella Rice），休斯在一個社交宴會上見到萊斯，並且很快愛上了她。不過，萊斯拒絕了休斯的求婚，後來，他請求姨丈，一位萊斯家族的成員為他做說客，最終獲得了萊斯的同意。

1925 年的 6 月，不到二十歲的休斯和萊斯在休士頓結婚，在婚禮之前，休斯躲起來做了一件奇葩的事 —— 寫遺書。在長達十頁的遺書中，休斯為他的新婚妻子、朋友、傭人、舅舅和「休斯工具公司」的管理者分配了他的遺產，他還要求用剩下的財產建立一個藥物基金，用來建立一個使人類杜絕危險疾病的研究室。兩天後，婚禮盛大舉行，婚後第二天，休斯帶著他的妻子前往洛杉磯，開始了他的好萊塢電影之旅。

富二代獵豔好萊塢

新婚宴爾，腰纏萬貫，霍華·休斯初到好萊塢時年僅二十歲，在眾多製片大鱷眼中，他不過是來自德克薩斯州的土財主，到好萊塢玩票的「富二代」。休斯全然不在乎那個，他把「休斯工具公司」交給經理人打理，自己一心撲在了拍電影這件事上。

在魯伯特的介紹下，休斯認識了塞繆爾·哥德溫（Samuel Goldwyn），一位好萊塢的電影製作人，他的公司哥德溫電影製作公司後來與米特羅公司、路易·梅耶公司合併成為米高梅公司。哥德溫給休斯的第一個建議是挑選優秀的劇本，抓到一個好故事是成功的基礎，「如果你想拍電影，那麼你就一定要找一個優秀的劇本」。

休斯接受了哥德溫的建議，回去立刻研究起劇本來，經過精挑細選，休斯選中了《兩個阿拉伯騎士》（*Two Arabian Knights*），這是一個喜劇，講述一戰戰場上一個嚴厲的中士和一個糊塗的士兵的滑稽故事。他聘請劉易斯·邁爾斯通（Lewis Milestone）擔任導演，這位導演是第一屆奧斯卡金像獎的最佳導演，後來因為與華納兄弟不和，鬧出了罷工出走

風波，一度名聲受損，遭到控告。

　　魯伯特並不建議休斯起用這位聲名狼藉的導演，但是休斯堅持了自己的想法，此外，他還聘請了兩位名氣不大但潛力十足的演員，扮演電影中的主要角色。這一次，休斯成功了，試演後，劇院方面的反映非常好，在第二屆奧斯卡頒獎禮上，《兩個阿拉伯騎士》獲得最佳喜劇片獎。

　　休斯投資的第三部電影《非法圖利》（*The Racket*）也是由邁爾斯通執導的，但是票房成績並不理想。製作公司投資拍電影，電影上映時則要受制於電影院線，為此，休斯決定，與其讓自己的電影在別人的影院上映，不如肥水不流外人田，連電影放映的錢也一起賺，而且，擁有從製作到發行的一條流水線，更容易控制電影的收益。於是，休斯開始投入金錢購買電影院或電影院的股份，短時間內，他足足買下了一百三十家電影院。

　　接下來，休斯投資了一部空戰題材的大片《地獄天使》（*Hell's Angels*），這一次，休斯仍然聘請邁爾斯通做導演。為了這部電影，休斯動用了八十七架戰機，一百三十五名飛行員，近兩千名臨時演員，用掉了一千公里長的膠片，以至於好萊塢一半的攝影師都在為他工作。為了安置拍電影需要用到的飛機，休斯又花掉四十萬美元建了一個專門的機場。拍攝完成時，這部電影前後共花掉了休斯四百萬美元，僅使用

飛機就花費了兩百多萬美元。

　　這麼大手筆的投資搞得休斯幾近破產。為了籌措拍攝經費，休斯把「休斯工具公司」的利潤拿了出來，還拿公司作抵押向銀行貸款。拍攝的艱難不僅在於巨額開銷，還有拍攝過程中的意外事故。由於休斯的拍攝要求非常高，為了追求真實，他要求飛行員駕駛飛機從三十公尺高處沖向地面，極度危險的動作導致三位機師在拍攝時喪生。接二連三的事故導致其他飛行員心生畏懼，沒有人敢去嘗試，不得已，休斯只得親自上場。他駕駛的飛機當然也出了事故，不過他大難不死，沒有傷到性命，只是摔出了重度腦震盪。

　　由於拍攝時間一再延長，導演換了一個又一個，最後只好休斯親自上陣。《地獄天使》整整拍了三年，所有人都覺得休斯瘋掉了，在 1920 年代，沒有人會花這麼大筆錢拍電影，而且，他花費鉅資拍攝的畫面，最終剪到成片裡的不到百分之一。1930 年的美國人正經歷經濟大蕭條，很多人連飯都吃不上了，專業人士擔心，根本不會有人去看休斯的電影，他恐怕連成本都無法收回。

　　幸運的是，電影中空前的大場面立刻征服了觀眾，首映當天，有五十萬人進影院觀看，導致整個洛杉磯出現交通堵塞（但儘管如此，電影仍然無法追回過高的製作成本）。這一年，休斯才二十五歲。《地獄天使》的上座率很高，但是

評價不一，有人認為這是一部空前的大製作，空戰場面刺激火爆，也有人認為其中的戀愛故事太過無聊，總之，這是一部在藝術上評分不高的電影。

1932 年，休斯投資了犯罪劇情片《疤面》（*Scarface*），影片由霍華·霍克斯（Howard Hawks）執導，電影以艾爾·卡彭（Al Capone）的生平為藍本，講述了 1920 年代芝加哥的著名犯罪頭目「疤面」自崛起至暴斃的全過程。這部電影可謂好萊塢黑幫犯罪類型片的開山之作，影響了此後的所有類型片，1983 年，艾爾·帕西諾（Al Pacino）主演了新版的《疤面》——《疤面煞星》。

隨著事業的成功，休斯的婚姻亮起了紅燈。在《地獄天使》拍攝中，萊斯與休斯離婚。恢復單身後，休斯開始了他在好萊塢的獵豔史，近三十年裡，作為好萊塢最富有的黃金單身漢，休斯幾乎和大多半好萊塢一線女星都有關係。休斯如同收集飛機那樣收集女人，據說，休斯會指著某本雜誌的封面說「我要這個女孩」，就會有人找到那個女孩，許諾休斯將培養她成為電影明星，之後讓她參加舞蹈培訓、臺詞培訓，讓她修整牙齒、訓練形體，當然，這一切都是休斯買單。有八卦雜誌統計過，休斯曾在一段時間裡擁有 164 個女朋友。不過，這期雜誌在出版當天就被休斯買空了。

休斯身高 193 公分，有著英俊的相貌和巨額的家財，加

上鮮花、首飾、美酒、甜言蜜語、浪漫飛行和豪華遊艇等
「把妹神器」，好萊塢的萬千佳麗沒有道理不撲向他的懷抱。
眾多風流故事中，休斯與凱瑟琳・赫本（Katharine Houghton
Hepburn）的愛情最為人稱道，有人認為，休斯一生之中最
愛的女人就是拒絕他的求婚的凱瑟琳・赫本。

　　1935 年，經過朋友的介紹，休斯認識了凱瑟琳・赫本，
繼而開始了瘋狂的追求。休斯喜歡駕駛飛機赴約會，他還架
著飛機與赫本一起飛行，帶她到美洲各地遊玩。1937 年，休
斯追到了赫本，他們開始同居，他們的戀愛也成為狗仔隊追
蹤的目標，無論他們走到哪裡，總有拍照的記者和宣布他們
結婚的報導。

　　在休斯的人生目標中，成為優秀的高爾夫球運動員是其
中之一，而凱瑟琳・赫本也是狂熱的一位高爾夫球愛好者，
兩人相愛後，經常一同到球場約會。不過，休斯和赫本打球
的目的不同。休斯打球是為了提升水準，希望有朝一日能成
為專業運動員，赫本打球則是為了好玩，為了鍛鍊，兩人約
會時，休斯總是一絲不苟地專心練習，赫本則快快樂樂地享
受藍天和草地。

　　儘管休斯是 24K 純金的高富帥，這段感情卻不被赫本的
家人認可，他們並不覺得這個花邊新聞纏身的貴公子值得託
付一生。這時候的休斯已經是一個怪人了，他會邀請客人到

家裡吃飯，但是在客人離開後，他會要求傭人把所有餐具扔掉。另外，由於飛機事故，休斯的聽力一直有問題，他無法和一個人以上同時交談，那樣的話，大部分的談話他都聽不到。出於強烈的自尊，他無法告訴別人他耳朵有些聾，請求對方大聲些。如此一來，他每天和電話待在一起，和赫本家人相處時也是如此，這令她的家人感到不快。

當然，關鍵問題出在他們二人身上。休斯和赫本都是出身上等家庭的人，他們有優於普通人的天分，同時有著巨大的野心，他們渴望成功，渴望被更多人認可。休斯熱烈地追求赫本時，她正處於事業低谷期，長期無法擺脫「票房毒藥」的頭銜，派拉蒙把她的電影酬勞從十五萬降到了一萬，事業上的種種打擊令她更希望把精力投注在事業上，而不是家庭生活。

1938 年，休斯完成了他的第一次環球飛行，之後向赫本求婚，可惜被拒絕，兩人隨後分手。在凱瑟琳·赫本之後，休斯又和數不清的女明星談戀愛，這時候，他更願意用技巧吸引女人，而不是真心。說起俘獲女人心，休斯除了用鮮花、首飾、美酒、甜言蜜語等經典技能，最致命的是，他動不動就送人結婚戒指，還派人找教堂、牧師，當眾宣布婚約，發誓與其共結連理。無法得知休斯在做這些事時有幾分真心，若干年後，這些非法婚姻倒是苦了負責處理休斯遺產的訴訟律師。

鍾情於翱翔天空

嚴格來說，霍華·休斯不是一個真正的商人。商人天生追逐利潤，一切決策、行動以獲得最大利潤為目的，休斯在做生意之外，更有個人激情，他喜歡冒險，個性衝動，在喜好的事物上不惜做賠本買賣，完全無視利益最大化的商業原則，這從他冒著破產的風險拍攝電影《地獄天使》可見一斑。

不過，和電影、女人相比，休斯的一生所愛是飛機，是飛行，是翱翔於天空的快感和成就感，而且，他在飛機製造業和飛行領域的建樹並不遜於其他方面。休斯一生鍾愛航空，喜歡駕駛飛機和製造飛機。對於飛機，他首先是一位飛機駕駛者，然後才是飛機製造者。

休斯從十四歲學習飛行，經過一段「無證駕駛」的日子，他考取了飛機駕駛的執照。在飛行上，休斯創造了許多世界飛行紀錄。1932 年，休斯創辦了休斯飛機公司，他聘請航空工程師理查·帕爾默（Richard Palmer）為他製造一種單翼競賽機，要求它的性能優異到可以打破飛行紀錄。

兩人合作的成果是休斯一號（H-1）競賽機。H-1 於 1935 年 8 月首飛，速度達到了每小時 556 公里，試飛出了一

個小插曲 —— 飛機飛到一半沒油了，休斯只好把飛機迫降在一片油菜地。這款機型展現了休斯作為航空工程師的天賦，H-1 具有流線型機身，可收放起落架，平面鉚釘和接頭大大減少了空氣阻力，是故，H-1 獲得了「銀色子彈」和「最美麗的飛機」的美稱。

同年 9 月，休斯駕駛 H-1 飛行五次，打破了由法國人創造的陸上飛機飛行速度的世界紀錄，這一紀錄一直保持到 1939 年。1937 年，休斯駕駛經過改裝的 H-1 從柏本克飛到紐華克，創造了 7 小時 28 分 25 秒的橫穿美國大陸的紀錄。

打破飛行速度的世界紀錄和橫穿美國大陸的飛行紀錄後，休斯決定挑戰環球飛行。1938 年 7 月，休斯開始他的第一個環球飛行。在他之前，曾有兩位飛行員嘗試挑戰環球飛行，但是都不幸遇難。

休斯和四名機組人員駕駛改裝後的伊列克特拉 14 型機從布魯克林的貝涅特機場起飛，飛機從加拿大的紐芬蘭上空跨越北大西洋，著陸第一站是巴黎。稍事休息，他們又飛到了莫斯科，短暫停留後又到了西伯利亞的鄂木斯克。沿途每一站，休斯都事先做足了安排，包括地面無線電站、加油、緊急修理等，確保環球飛行順利完成。

經過 3 天 19 小時 17 分鐘的長途飛行，休斯駕駛飛機回到紐約的貝涅特機場，兩萬五千名群眾在那裡等待著歡迎

他。休斯在歡迎會上發表了演說：「這次飛行能順利完成，完全歸功於周到細緻的準備和高品質的飛機，絕不是我個人的功勞。美利堅合眾國人雖然發明了飛機，但可惜的是，幾乎都是外國人創造了所有的飛行紀錄。如果這次飛行成功能提高美利堅合眾國航空界的國際知名度，那就是我最大的安慰。」因為環球飛行成功，美國政府頒發了最高榮譽 —— 國會金質獎章給休斯，「耍大牌」的休斯竟然沒有去領獎，據說，杜魯門知道之後把獎章寄到了休斯家裡。

休斯本想把改裝為戰鬥機的 H-1 賣給美國軍方，可惜軍方沒有看好他的飛機，而是與洛克希德公司簽訂了大批生產 XP38 戰鬥機的合約。1941 年，日本偷襲珍珠港，美國上下對美國空軍一片不滿，休斯成為站出來對當局破口大罵的一員，他說：「難道你們不知道，日本人偷襲用的零式戰鬥機是盜用了 H-1 的設計嗎？忽視了我飛機訂單的右野基地應負重大責任！」

的確，日本襲擊珍珠港採用的零式戰鬥機，其外形和性能都和 H-1 非常相似，不只是三菱重工盜用了 H-1 的飛機設計。實際上，二戰期間的戰機，如日本的零式戰機、德國的福克－沃爾夫 FW190、美國海軍的 F6F 地獄貓戰鬥機都受到了 H-1 的影響。到 1945 年，日本一共生產了一萬一千架零式戰鬥機，與零式戰鬥機相比，洛克希德公司的 XP38 無論

是輕快程度還是飛行能力都差很多。1975 年，休斯使用過的 H-1 被捐獻給國家航空和太空博物館。

在航空航太領域，休斯飛機公司在整個二十世紀領先了美國和全世界的同類企業。1939 年，休斯買下了瀕臨破產的環球航空公司，並且引入了活塞發動機客機——洛克希德「星座」。二戰之後，休斯提出了開發橫跨大西洋的民用航線的策略，由此開始了環球航空數十年的行業獨霸局面，在休斯的經營下，環球航空轉虧為盈，休斯的財產也翻了上千倍，他成為美國第一個億萬富翁。

在研發方面，休斯飛機公司發明了第一個實用雷射器、第一顆同步衛星、第一臺登月探測器。1965 年，休斯飛機公司開發出商業通訊衛星，憑藉六千條電話線路和十二種彩色電視的傳輸功能，開拓了歐美大陸間的電視、電話網路。1966 年，休斯飛機公司製造了一艘無人太空船，這艘太空船登上了月球，為之後的載人登月奠定了基礎。2000 年時，全世界四成的在役衛星是由休斯飛機公司生產的。

二戰期間，德國潛艇在大西洋航線上威脅，為了順利替英國人運送人員和物資，美國造船業巨頭亨利·凱薩（Henry J. Kaiser）打算新建一批大型水上飛機，政府為了節約金屬資源，要求用木材作為飛機的主體材料。休斯得到消息後，也要求參加這一專案，正好休斯飛機公司擁有製造飛機的特殊技

術，休斯動用在政界的關係網得到了與凱薩共同設計、製造這種大型水上飛機的合約，休斯飛機公司負責研製工作，飛機代號HK-1，其中H代表休斯（Hughes）、K代表凱薩（Kaiser）。

用木材打造飛機，這一難度著實不小，專案開始後，休斯和凱薩原本按照合約中的要求，準備打造一個能夠攜帶12萬鎊的承重橫跨大西洋的水上飛機，12萬鎊的承重約合70噸重貨物，或是750名全副武裝的士兵，或是兩輛30噸重的M4雪曼戰車的水上飛機，合約還規定，由於戰爭緊迫，計劃在兩年內至少建造三架飛機。

奇怪的是，在飛機的設計上，休斯和他公司裡的飛機設計師們並沒有發揮多大作用，反而是由凱薩確定了「飛行貨運船舶」這一設計方案，休斯公司的設計師們提出過異議，但是休斯本人認可，設計稿確定了凱薩的方案。

最終選定的設計方案是一架機身有三層樓高，機翼展開有足球場那麼大、配置八臺發動機的巨型飛機。因為休斯過於執著於完美，這批飛機到二戰結束還沒有造出來一架，凱薩氣得走人，休斯順勢獨占了專案，還把飛機名稱從HK-1改成了H-4。

二戰結束後，政府已經不再需要大型運輸機，然而休斯還沒有把飛機造出來。由於沒有按照合約完成飛機製造，1947年，休斯被美國參議員組成的戰爭調查委員會召喚出

庭，解釋他為什麼沒有如約完成與美國政府簽訂的合約，如果情況屬實，休斯將面臨「失職」的指控。在政治壓力和媒體壓力下，休斯只好加速趕工，讓 H-4 盡快與世人見面。

　　1946 年 6 月，H-4 現身，由於體格龐大，它的機身、翅膀從洛杉磯附近的飛機製造廠被搬運到長灘海邊進入最後組裝。一個月後，休斯在試飛 XF-11 高速偵察機時出了事故，嚴重受傷，沒過多久，他又康復過來，不知道他是真心痴迷飛行，還是想要證明自己命硬，飛機故障根本要不了自己的命，休養了差不多一年時間後，1947 年 11 月，休斯親自試飛 H-4。試飛當天，飛機搭載包括機組人員、業內人士和新聞記者在內的三十多人，休斯首先做了兩次水面滑行測試，第三次正式試飛，飛機只升起了二十公尺，在一分鐘裡飛了大概 1,600 公尺就落回水面了。由於沒有飛離海面，相關的載重測試、航程測試都沒有進行。

　　試飛之後，各界對 H-4 提出質疑，這樣的龐然大物，連飛起來都成問題，如何能擔當運送物資與人員的重任？其作戰意義又何在？不管外界如何評價，休斯認為他成功了，只是在試飛之後，H-4 沒有服役，也沒再出來與世人見面。休斯把它安放在一間裝有冷氣的機庫裡，聘請專人對飛機進行看管、維護，直到休斯去世後，這架飛機進了博物館，才再次與公眾見面。

休斯一生的苦樂都與飛機相伴，製造飛機、打破飛行紀錄讓他實現了自我，獲得了巨大的成就感；另一方面，飛行過程中頻出事故，也讓他身心受創。1946 年，休斯在試飛 XF-11 時，飛機發生故障，墜毀於比佛利山莊，飛機撞毀了三棟房子，燃起大火，在事故中，休斯折斷了六根肋骨，受到大面積燒傷。治療中，為了止痛，休斯接受了大量的嗎啡注射，導致他後半生染上嗎啡癮。

這次事故在休斯的臉上留下了一道疤痕，不過，聰明的休斯用上唇的小鬍子做了巧妙的遮蓋，從照片中可以看到休斯代表性的小鬍子，但是很少有人知道，這是他是為了遮蓋上唇的疤痕故意留的。休斯後半生患上了嚴重的強迫症，足不出戶，變成了與世隔絕的隱居者，和他屢次的飛行創傷也有關係。

隱居避世的後半生

　　1976 年 4 月，霍華・休斯在飛機上去世，彼時他正從墨西哥的住處飛往休士頓的衛理公會醫院。多年的疾病治療使得他的面容無法辨認，最終，聯邦調查局透過指紋認定死者是休斯。屍體解剖發現，休斯死於腎衰竭，他的血液中含有致命劑量的古柯鹼和地西泮 —— 用於治療焦慮，具有鎮靜催眠功能的藥物。去世時，身高 193 公尺的休斯只有 41 公斤，身體伴有嚴重的營養不良。

　　1950 年代末，風光無限的霍華・休斯徹底從公眾視線中消失。休斯不在媒體上露面，使得人們對這位富豪的去向產生了各種猜測，一時間傳言四起。有人說他傷病復發，已經癱瘓，有人說他已經去世，由於找不到遺產繼承人，所以才沒有對外公布。描寫休斯的傳記和小說裡，把他去世前的生活細節寫得非常細緻：他用牛奶瓶子裝尿；在馬桶漏水時，他用面紙盒做鞋「保護」自己。謠言畢竟是謠言，由於無法證實，最後多半不了了之。

　　就在休斯從公眾視線內消失的前一年，他迎來了人生中的第二次婚姻。1957 年，休斯在過了近三十年單身漢生

活後，突然和女明星簡·皮特斯（Elizabeth Jean Peters）結婚。兩人早在十年前就相識，當時，簡·皮特斯是福斯影片公司的演員，主演過《深水》（*Deep Waters*）、《鶯鳳鳴春》（*It Happens Every Spring*）、《春泛女嚳宮》（*Take Care of My Little Girl*）等影片，與馬龍·白蘭度、瑪麗蓮·夢露等演員一起合作。簡·皮特斯曾是休斯的情人之一，她去現場觀看過休斯駕駛飛機試飛，可惜那一次飛機出事故，休斯嚴重受傷。休斯住院期間，皮特斯去醫院看望、照料過他。休斯痊癒後，兩人一直密切交往，後來，兩人漸行漸遠，皮特斯和一位洛杉磯企業家結婚，不久又離婚，離婚後一直過著單身生活。

休斯和皮特斯的婚姻並非出於愛情，也不是因為孤獨。休斯從小喜歡一個人待著，自第一次婚姻破裂後，他的單身漢生活過了這麼多年，身邊美女如流水般走過，他也沒有認真考慮過婚姻。和皮特斯的結合，更多是出於商業上的策略。多年來，休斯坐擁億萬美元，身邊卻從未太平過，覬覦他的財富、地位的人數不勝數，休斯經歷過背叛和出賣，因此他特別小心地處理事務，謹小慎微，絕不給人乘虛而入的機會，他與皮特斯結婚也是如此。

休斯聘請第特利西（Noah Dietrich）擔任環球航空公司主管財務的高級助手，可是第特利西買通了休斯的主治醫

生，四處宣揚休斯患病、失蹤的謠言，聲稱休斯已經精神失常，無法正常經營企業。如果休斯被法院宣布喪失經營能力，環球航空公司的股份就會落入第特利西的手裡，但是，如果休斯有妻子，妻子就可以代替休斯管理產業。

在這種情況下建立的婚姻，自然談不上愛、關心和一生的承諾，儘管休斯籌備了盛大的婚禮，休斯與皮特斯共同生活的時間沒能堅持到一年，休斯向皮特斯提出分手，後者就回到了自己的住所，過著單身女人的生活。

1971 年，簡‧皮特斯以兩人分居很久為由申請離婚，離婚之前，她已經好幾年沒見過休斯，兩人只透過電話聯絡。皮特斯要求休斯每年支付她 7 萬美元的終生贍養費，但是放棄了休斯的財產。休斯本想給皮特斯 100 萬美元，但被皮特斯拒絕了。分開之後，休斯從來沒說過皮特斯的壞話，皮特斯也沒有對外談論過她和休斯的生活，晚年時，有傳記作家和出版商找上門來，皮特斯也沒有答應。自銀幕引退後，皮特斯一直過著低調的生活，私生活情況甚少有人知，2000 年，皮特斯因白血病去世。

休斯從 1958 年開始銷聲匿跡，與外界徹底斷絕往來。除了他身邊的醫生、助手之外，沒有人知道他的下落。休斯去世後，人們才打探到，休斯晚年放棄了往來多年的休士頓和洛杉磯，隱居在內華達州的沙漠地帶。1966 年，休斯從比佛

利山莊搬到了波士頓，最後搬到了拉斯維加斯，成為一個賭場大亨。休斯收購了沙漠飯店，並將飯店的第九層作為他的私人住宅。之後，他陸續從黑手黨手中收購了多家飯店和賭場，使拉斯維加斯擺脫了黑手黨的控制。休斯希望拉斯維加斯能夠撕掉「黑幫＋妓女」的標籤，變成一個適合穿著正裝的男人和戴著珠寶的女人停留的地方。

由於失眠，休斯還收購了拉斯維加斯的地方電視臺，這樣一來，他在凌晨時分也能看到想看的節目。在那裡，他成為摩門教的一員，他的起居飲食全部由摩門教徒負責。他的食品、飲水和日常生活用品都是用飛機從休士頓或洛杉磯運來，經過摩門教徒的檢查之後放入儲藏室內，他每餐吃的食物都要經過他人試吃，他才會放心。

強迫症是休斯人生中的一個重要部分，他曾經一個人住在放映室長達四個月，有時候他還把自己關在集裝箱或瓶子裡，史丹·李很喜歡休斯這些奇怪的精神特質，可惜這些特質並沒有成為電影中「鋼鐵人」的性格特點之一。

後半生裡，伴隨休斯的疾病主要是強迫症，休斯一生經歷了多次飛行事故，治療中，為了止痛，他染上了嗎啡癮，後來又染上多種藥物成癮。早在 1930 年代，休斯就表現出強迫症的行為傾向。比如：他在吃豆子時非常介意豆子的大小，他一定要用叉子把豆子按照大小排好順序再吃。在拍

攝《不法之徒》（*The Outlaw*）時，休斯強迫地在意珍·羅素（Jane Russell）的衣服問題，聲稱衣服上的褶皺影響了美觀，反覆拍攝不成功後，他寫了一個詳細的方案說明如何處理這個問題。

由於飛行事故留下的後遺症，導致他的皮膚和最柔軟的衣料接觸也會引起致命的疼痛，於是，他每天赤身裸體地坐在椅子上，用餐巾做衣服，用面紙盒做鞋，他沒日沒夜地看電視、看電影，靠巧克力棒、牛奶和雞肉維生。

離群索居的日子裡，他身邊只有助手相伴，而且，他還要求助手：不准抬頭看他，不准主動和他說話。因為覺得窗外的霓虹燈太難看，夜裡閃個不停讓自己無法入睡，休斯乾脆買下所有的霓虹燈，然後關掉。最終，休斯進入了徹底的隱居狀態。休斯每天把自己關在黑屋子裡，身旁陪伴著醫生和隨叫隨到的理髮師。儘管如此，休斯從來不聽醫生的建議，而理髮師一年才出現一次，幫他剪頭髮和指甲。

休斯一生逐愛，經歷了兩次失敗的婚姻，收穫了無數露水情緣，後半生卻孤家寡人地過日子。休斯在石油開採、電影、航空航太等行業獲得名聲，累積財富，巨大的財富讓他擁有比常人更多的選擇權，可以任意妄為，顛倒是非，但是金錢卻沒能拯救他的失聰，沒能幫他擺脫疼痛和藥物依賴。

一個大人物，終究還是得臣服在命運之下。休斯的前半

生和後半生以截然相反的方式出現，大多數人腦海中與休斯相關的景象都是他生命力最旺盛的時期，衝動、瘋狂、野心勃勃，是一個以征服天空為使命的英雄。到了晚年，休斯卻成了另外一個人，古怪、孤僻、神經質，病態地隱居在飯店當中，與世隔絕，神祕莫測。誰都不喜歡傳奇人物走向生命盡頭的落魄樣子，於是，在馬丁·史柯西斯（Martin Charles Scorsese）執導的電影《神鬼玩家》（*The Aviator*）中，導演讓時光停留在休斯人生中最美好的日子裡。

強迫症與安全感

在《神鬼玩家》這部電影中，導演馬丁·史柯西斯重現了休斯傳奇的前半生，傳遞出他作為飛行員和太空人的信念與堅持，更重要的是，導演再現了一個野心勃勃的男人藏在內心的不安、恐懼和憤怒。

在李奧納多·狄卡皮歐的演繹下，霍華·休斯變成了一個典型的強迫症患者。可以從內因和外因兩個方面分析休斯的強迫症。內因來自他母親對他的教導。電影開場把休斯的成長背景放在霍亂盛行的時期，她的母親告訴他，他是不安全的，他要小心病毒感染。後來母親去世，休斯深深記住了母親的教誨，他的不安全感從母親去世開始。

不得不說，電影中對休斯「戀母情結」的表現有些過火，他成年後反覆洗手的動作甚至可以解讀為自慰的象徵，而且他的性對象是母親。一個人的性格成長、行為方式非常之複雜，如此簡單粗暴的表現未免太過精神分析了。好在，狄卡皮歐對休斯強迫性格的刻劃非常到位，比如對待清潔的細節。休斯的母親死於麻醉藥使用失敗，這件事直接刺激休斯終其一生對細菌特別敏感。兒時，母親給他一款用於清潔

的香皂，成年之後，他依然隨身帶著同款香皂，經常獨自跑到廁所去洗手，一遍一遍地清洗指縫和關節。

洗完手後的細節可謂用心，又有助於刻劃人物性格。休斯洗完了雙手，卻沒有辦法從廁所裡出來。他無法克服內心對不潔的恐懼，無法用洗乾淨的手觸碰門把手，最後，他只能繼續留在廁所裡，等待下一個進來的人把門打開。生活在巨大的不潔環境中，休斯不能控制外界環境，只能控制自己，於是，他在拿東西時都要墊上紙巾，以求把自己放在一個狹小的、潔淨之地。

外因來自休斯在開創和發展事業過程中遭遇的困境。當對安全、秩序的追求放在了人與人的交往上，休斯開始受累於強迫症。他總是擔心身邊的員工會加害自己，時刻感受到來自員工的恐懼和威脅，為了獲得安全感，他把自認為有可能傷害、攻擊自己的人通通辭退了。遭遇勁敵時，他自動退縮到弱小、無力的童年時期，他做出的一切決策都是為了「保衛內心安全」。

休斯的人生追求可以說是對更強大、更安全的追求，他未到二十歲便失去雙親，無依無靠，他自然想要變得更強大，如此才能保護自己，才能活下去。所以，他想要開最快的飛機，拍最優秀的電影，成為最富有些人，他試圖透過追求更快、更大、更強讓自己變成一個強大的、可以保護自己的人。

　　為了達到這個目標，他把過多的時間放在工作上，無法享受婚姻、友誼和休閒，他的第一任妻子選擇離婚是因為休斯整天忙來忙去，根本沒有時間陪她；赫本離開他，也是因為兩人都是把工作成就放在第一位的人，太相似了，無法調和。

　　在形成強迫症的因素中，安全感缺失是一個重要因素。幾乎所有強迫症患者都處在擔憂和焦慮之中。在人類最基本的需求中，滿足溫飽、性慾是最關鍵的生存需求，其次便是對安全感的需求。一個感覺自己不安全的人出於擔心和焦慮，會把防禦行為當作生存模式，比如反覆檢查衣服是否經過消毒，檢測食物是否安全，試探身邊的人是否忠誠、老實……儘管當事人知道這些擔心是多餘的，但就是控制不了自己的思想和行為。

　　幼年時期存留在內心的反應模式，是個體應對當前事物的反應依據，相當於過去與現在同時存在於意識當中。比如：曾經在入室搶劫案中心靈受創的強迫症患者，行為上表現為疑神疑鬼，反覆檢查門窗，以防同樣的事件再次發生，或者至少降低發生的機率。恐懼、不安全因素往往是患者幻想出來的，出於情感和意志的需求，患者用強迫思維、強迫行為的方式來換取內心安寧。

　　缺乏面對人生痛苦的勇氣是強迫症患者的共同點。每一

個人都要勇於面對生活，強迫症患者偏偏拒絕接受現實。由於內心具有弱小感，對待疾病、傷害、死亡等痛苦時，他們會用增強控制、反覆檢查或者拒絕一切的方式應付。

　　強迫症患者的其他表現，如恐懼感染疾病、反覆洗手、內心不安，其目的同樣是逃避痛苦，可是採用排斥的態度逃避痛苦，結果只會衍生出新一層的痛苦。強迫症患者的絕對控制和對絕對秩序的要求來自不安全感，稍微的閃失和變化都會導致患者內心失控。可憐的是，強迫症患者最終會變成想要獲得安全感但卻又屢屢失敗的人。

電子書購買　　　爽讀 APP

國家圖書館出版品預行編目資料

在瘋狂與傑出之間尋找自我，藝術家與他們的時代：梵谷割耳、波特萊爾呼麻、名導娶養女……是周遭人太迂腐還是他們「有病」？看傳世經典如何在一次次的放肆中誕生 / 隋岩 著. -- 第一版. -- 臺北市：樂律文化事業有限公司, 2024.07
面；　公分
POD 版
ISBN 978-626-98761-8-1(平裝)
1.CST: 世界傳記
781　　　113009576

在瘋狂與傑出之間尋找自我，藝術家與他們的時代：梵谷割耳、波特萊爾呼麻、名導娶養女……是周遭人太迂腐還是他們「有病」？看傳世經典如何在一次次的放肆中誕生

臉書

作　　　者：隋岩
責任編輯：高惠娟
發 行 人：黃振庭
出 版 者：樂律文化事業有限公司
發 行 者：崧博出版事業有限公司
E - m a i l：sonbookservice@gmail.com
粉 絲 頁：https://www.facebook.com/sonbookss/
網　　　址：https://sonbook.net/
地　　　址：台北市中正區重慶南路一段 61 號 8 樓
8F., No.61, Sec. 1, Chongqing S. Rd., Zhongzheng Dist., Taipei City 100, Taiwan
電　　　話：(02) 2370-3310　　傳　　真：(02) 2388-1990
律師顧問：廣華律師事務所 張珮琦律師
定　　　價：420 元
發行日期：2024 年 07 月第一版
◎本書以 POD 印製